A RESPONSABILIDADE CIVIL DO MÉDICO PELA FALHA NO DEVER DE INFORMAÇÃO

Autor

Luciano Correia Bueno Brandão

A RESPONSABILIDADE CIVIL DO MÉDICO PELA FALHA NO DEVER DE INFORMAÇÃO

G|Z
EDITORA
Rio de Janeiro
2022

1ª edição – 2022

Presidente do Conselho Editorial
Nelson Nery Costa

Diagramação
Olga Martins

CIP – Brasil. Catalogação-na-fonte.
Sindicato Nacional dos Editores de Livros, RJ.

B818r

Brandão, Luciano Correia Bueno
A responsabilidade civil do médico pela falha no dever de informação / Luciano Correia Bueno Brandão. - 1. ed. - Rio de Janeiro: GZ, 2021.
112 p.; 23 cm.
Inclui bibliografia e índice
ISBN 978-65-5813-036-9
1. Consentimento consciente (Legislação médica) - Brasil. 2. Responsabilidade (Direito) - Brasil. 3. Médico e paciente - Brasil. I. Título.
21-73115
CDU: 347.412:614.253

Meri Gleice Rodrigues de Souza - Bibliotecária - CRB-7/6439

contato@editoragz.com.br
www.editoragz.com.br

Av. Erasmo Braga, 299 – Sala 202 – 2º andar – Centro
CEP: 20020-000 – Rio de Janeiro – RJ
Tels.: (0XX21) 2240-1406 / 2240-1416 – Fax: (0XX21) 2240-1511

Impresso no Brasil
Printed in Brazil

Para Maria de Lourdes, de saudosa memória, que me inspirou a dar os primeiros passos no caminho do Direito Médico e da Saúde.

AGRADECIMENTOS

Agradeço a Deus, por sua Divina Providência em todos os momentos da vida.

Agradeço a meus pais, que moldaram meu caráter e me possibilitaram ser o que sou.

Agradeço à minha amada esposa, por seu apoio incondicional, com quem a caminhada se torna mais leve.

PREFÁCIO

Ser convidado para participar de uma obra, elaborando a apresentação da mesma, é sempre motivo de muita satisfação. Se o convite é para a apresentação da primeira edição do livro, tal atribuição se revela ainda mais gratificante. Quando o Autor do livro é um profissional como o Dr. Luciano Correia Bueno Brandão, a honraria e a responsabilidade são inestimáveis e imensuráveis.

Apesar de ser uma imensa responsabilidade, contribuir com a apresentação deste livro está longe de ser uma tarefa árdua ou penosa. Muito ao contrário. As qualificações pessoal e profissional do Autor e a riqueza de informações contidas no trabalho escrito pelo Dr. Luciano Brandão tornam a missão deste apresentador prazerosa e um privilégio.

O consentimento informado, tal qual ensinado neste livro, é imprescindível na relação médico-paciente, caracterizando-se, em regra, como um dos requisitos autorizadores da prática médica. A inobservância do dever de obtenção do consentimento informado pode acarretar condenações éticas, cíveis e criminais ao profissional.

Como o leitor poderá observar, o Dr. Luciano Brandão, com base na sua vasta experiência profissional, seja na advocacia, seja na docência, traz todo o seu conhecimento sobre o assunto de forma clara, objetiva, precisa e com um encadeamento lógico de conteúdo e de ideias, permitindo a todos, inclusive àqueles que estão tendo o primeiro contato com o tema, conhecer, entender e compreender a importância do consentimento informado na relação médico-paciente.

O presente livro propicia a todos, no que tange à repercussão do consentimento informado na relação médico-paciente, a exata medida entre a teoria e a prática, com todas as informações teóricas imprescindíveis na abordagem, bem como com a aplicação deste arcabouço normativo teórico no cotidiano do médico, do paciente e da relação entre eles.

E o esplendor desta obra está justamente neste ponto: dizer o que precisa ser dito, mostrando, na prática, a aplicação daquilo que foi abordado de forma geral e abstrata no plano das normas jurídicas.

Por isso, sem qualquer receio de errar, posso afirmar que este trabalho é importante para os estudantes e estudiosos do Direito, da Medicina e do Direito Médico e da Saúde, pois a linguagem é técnica, sem ser tecnicista, a fim de que possam conhecer os meandros de importância e de incidência da informação ao paciente na responsabilidade civil do médico.

Aos profissionais da área, militantes no Direito Médico e da Saúde e aos profissionais da Medicina, a obra oferece tudo o que é necessário saber sobre o tema, seja para aqueles que atuam em prol de pacientes, sejam aqueles que são médicos ou atuam na defesa dos prestadores de serviços na área médica.

O livro possui interessante e admirável equilíbrio entre a abordagem teórica e a prática. O leitor observará, então, que o Autor primeiro nos faz percorrer todo o contexto histórico da relação médico-paciente e das bases ético-legais referentes à informação e ao consentimento do paciente para, na sequência, apontar a importância do consentimento informado do paciente. Feito isso, somos levados à compreensão dos principais aspectos da responsabilidade civil médica, em uma abordagem cirúrgica (com o perdão da utilização da expressão) deste tópico pelo Autor. De posse intelectual de todos esses elementos, o Dr. Luciano Brandão traz o "gran finale", discutindo, sob a égide da doutrina e da jurisprudência, a repercussão do cumprimento dever de informar, bem como da inobservância do dever de informação, por parte dos médicos.

Trata-se, portanto, de um livro indispensável!

A comunidade do Direito Médico e da Saúde certamente aproveitará esta inestimável contribuição trazida pelo Dr. Luciano Brandão com a publicação deste livro.

Ao Dr. Luciano, parabéns pelo livro e obrigado pela contribuição ao Direito Médico e da Saúde.

A você, boa leitura!

Marcos Vinícius Coltri

Advogado, Especialista em Direito Médico, Odontológico e da Saúde,
Diretor da Academia Brasileira de Direito Médico (ABRADIMED).

SOBRE O AUTOR

LUCIANO CORREIA BUENO BRANDÃO

- Advogado.
- Especialista em Direito da Medicina (Centro de Direito Biomédico - Faculdade de Direito da Universidade de Coimbra).
- Pós-graduado em Direito Médico e Hospitalar pela Escola Paulista de Direito (EPD).
- Extensão em Responsabilidade Civil na Área de Saúde pela FGV Direito (GVlaw).
- Membro da Associação dos Advogados de São Paulo (AASP).
- Ex-Presidente da Comissão de Direito Médico da OAB/SP (Pinheiros/SP).
- Membro da World Association for Medical Law (WAFML).
- Membro da Comissão Nacional de Direito da Saúde da Associação Brasileira dos Advogados (ABA).
- Docente convidado no curso de Especialização em Direito Médico e Hospitalar da Escola Paulista de Direito (EPD).
- Docente convidado no curso de Especialização em Direito Médico, Odontológico e da Saúde do Instituto Goiano de Direito (IGD).
- Palestrante.
- Autor de artigos jurídicos e das obras "Direito Médico: Temas Atuais" e "Tendências do Direito Médico".

SUMÁRIO

4
BREVES CONSIDERAÇÕES ACERCA DA RESPONSABILIDADE CIVIL

5
A RESPONSABILIDADE CIVIL DO MÉDICO PELA FALHA NO DEVER DE INFORMAÇÃO

INTRODUÇÃO

O presente estudo se baseia no reconhecimento do fato de que a relação médico-paciente passou no decorrer dos anos, e em particular a partir da segunda metade do século XX, por mudanças radicais em seu modelo tradicional, culminando em um modelo atual onde o paciente assumiu posição de protagonismo em questões atinentes à sua dignidade enquanto indivíduo, seu direito de liberdade e de autodeterminação, tendo reconhecida a prerrogativa de tomar decisões conscientes e esclarecidas acerca de sua saúde e sua vida.

Nesse contexto, as obrigações do médico também se ampliaram na medida em que ganhou relevância o dever de prestar informações claras e suficientes ao paciente, a fim de que este possa exercer plenamente sua autonomia.

Mostra-se relevante na atualidade, portanto, o processo de diálogo que deve permear a relação médico-paciente desde o início, culminando na obtenção pelo profissional de saúde do consentimento livre e esclarecido do paciente acerca das intervenções às quais deseja, ou não, se submeter.

Por se tratar de dever anexo intrínseco à prestação do serviço médico, a inobservância do dever de informação e de obtenção do consentimento esclarecido do paciente pode implicar na responsabilização civil do médico pelos danos eventualmente experimentados pelo paciente.

Assim, o presente estudo visa, dentro deste panorama, abordar a questão da responsabilidade civil do médico em razão da falha no dever de informação e obtenção do consentimento.

No Capítulo 1, abordaremos a noção da autonomia do paciente como novo paradigma da relação médico-paciente, demonstrando um breve histórico da evolução do modelo paternalista da medicina, onde prevalecia a autoridade máxima do médico sobre o paciente, para um modelo lastreado na observância ao respeito da autonomia do paciente, destacando os marcos históricos e normativos que sustentam este novo cenário.

No Capítulo 2, analisaremos os dispositivos constitucionais e legais que fundamentam, na legislação brasileira, o dever de informação no âmbito da relação médico-paciente, passando pela Constituição Federal, pelo Código Civil, pelo Código de Defesa do Consumidor e, por fim, pelo Código de Ética Médica.

No Capítulo 3, será tratada a questão do consentimento do paciente como corolário da informação adequada. Vale dizer, que a obtenção do consentimento informado e esclarecido do paciente pelo profissional médico é o resultado de um processo de comunicação que deve permear toda a relação médico-paciente e legitimar as intervenções médicas em respeito à autonomia e liberdade individual do paciente.

Analisaremos, ainda, os elementos do consentimento informado, tais como a capacidade, a informação – aí incluída a forma de fornecimento da informação e manifestação do consentimento –, além da voluntariedade na obtenção do mesmo.

No Capítulo 4 deste trabalho, teceremos considerações acerca da responsabilidade civil, tais como seus pressupostos – realizando uma análise dos seus elementos como conduta, dano e nexo de causalidade –, bem como dos fundamentos da responsabilidade, abordando as teorias da responsabilidade subjetiva e objetiva, analisando, em particular, a questão da responsabilidade civil e suas particularidades em relação ao profissional médico.

Uma vez que nos capítulos anteriores estejam estabelecidas as premissas do presente estudo, consistentes na demonstração da um novo paradigma na relação médico-paciente lastreada na autonomia do paciente e do reconhecimento do dever de informar pelo médico como intrínseco à sua atividade, no Capítulo 5, nos debruçaremos sobre a questão da responsabilidade civil do médico oriunda justamente da falha no dever de informação.

Assim, trataremos da caracterização da responsabilidade civil do médico em razão da falha no dever de informação, bem como sua extensão.

Abordaremos, ainda, as hipóteses de dispensa do dever de informação e obtenção do consentimento, tais como situações de urgência e emergência, ou ainda, situações de grave perigo para a saúde pública além da noção do privilégio terapêutico e da renúncia do paciente em ser informado.

Por fim, teceremos algumas breves considerações acerca do ônus de prova no tocante à demonstração do adimplemento do dever de informação pelo médico.

Dentro do escopo estabelecido pelo presente estudo, esperamos ao final fornecer elementos suficientes para compreender a nova dinâmica da relação médico-paciente, os deveres decorrentes deste novo modelo – em particular o dever de informação –, bem como o impacto que a não observância destes deveres pelo médico tem no aspecto da responsabilidade civil do profissional médico.

1

A AUTONOMIA DO PACIENTE COMO NOVO PARADIGMA DA RELAÇÃO MÉDICO-PACIENTE

1.1. O modelo paternalista do exercício da medicina

A doença, a dor e a finitude são condições intrínsecas a todos os seres vivos.

No entanto, seja por obra da Providência (ou do acaso evolutivo), o ser humano é o único, entre todas as criaturas, capaz de compreender sua própria fragilidade, compadecer-se diante do sofrimento e buscar transcender os limites da mortalidade.

Desde a aurora da Humanidade, eram os sacerdotes, místicos e feiticeiros os indivíduos que se ocupavam das dores do corpo, comumentemente associadas às mazelas do espírito e vontade dos deuses.

Ao longo dos séculos, a medicina foi marcada por uma tênue linha entre religião e ciência, que não raramente se confundiam e inter-relacionavam.

Na Mesopotâmia, berço da Civilização onde floresceram os povos da Babilônia e Suméria, as figuras do *Asu* (feiticeiro) e do *Ashipu* (curandeiro) se alternavam nos cuidados dos pacientes.

Não obstante esta visão espiritualizada da doença, destaca-se o impressionante acervo da Tableteca de Assurbanipal, também conhecida como Biblioteca de Nínive[1], onde em milhares de tábuas de argila cunhadas pela escrita cuneiforme, encontram-se registros precisos de temas como geografia, astrologia, matemática e medicina.

Destas últimas, cerca de 600 placas tratam de práticas médicas e cirúrgicas contendo informações precisas sobre doenças, diagnósticos e prognósticos, tendo sido traduzidas pelo paleontólogo inglês Reginald Campbell Thompson[2].

No Egito Antigo, os cuidados médicos também eram norteados pela magia e misticismo. Ainda assim, a medicina egípcia é conhecida pelos fantásticos conhecimentos acerca da anatomia humana (em grande parte graças aos processos de mumificação) e realização de procedimentos cirúrgicos como a trepanação.

Na Grécia antiga era cultuada a divindade de Asclépio (ou Esculáplio, em Roma).

Segundo a mitologia greco-romana, filho de Apolo e da humana Coronis, morta no parto, Esculápio fora criado pelo Centauro Quíron, que lhe transmitiu conhecimentos na seara da arte, da filosofia, da ética e da própria medicina.

Ao absorver tais conhecimentos, Esculápio aprimorou a chamada *ars curandi* (arte de curar) e sua habilidade era tão grande que seria capaz, inclusive, de ressuscitar os mortos.

Por contrariar a natureza da fragilidade e da própria mortalidade dos homens, Zeus puniu Asclépio fulminando-o com um raio.

---

1 MARTINS, Wilson. A palavra escrita: história do livro, da imprensa e da biblioteca. 3ª ed. São Paulo: Ática, 2002

2 ISMAEL, J.C. O médico e o paciente: breve história de uma relação delicada. 2ª Edição revista e ampliada. São Paulo: MG Editores. 2005 (p. 36)

Aspectos mitológicos à parte, o culto a Asclépio fundamentava-se em uma medicina exercida por um médico *"(...) modelo de equilibrio, sensatez e sabedoria, que deve focar seus esforços em amenizar a solidão do doente, o qual desesperado com as mazelas de sua condição, precisa ser reconduzido ao conforto do convívio humano"*[3].

A compaixão, portanto, seria uma das características mais desejáveis do médico.

No entanto, foi com Hipócrates (cerca de 460 a.C. - 370 a.C), tido como o pai da medicina ocidental, que se verificou um afastamento acentuado do misticismo e da religiosidade e se estabeleceram critérios mais objetivos para o exercício da medicina.

Em verdade, Hipócrates colaborou com o avanço da medicina enquanto ciência na medida em que rejeitava a atribuição de causas sobrenaturais ou divinas diante do aparecimento das doenças.

Mais do que isso, sua visão baseava-se na racionalidade própria dos filósofos e observação atenta do paciente como forma de estabelecer prognósticos e diagnósticos.

A contribuição de Hipócrates para o estabelecimento da medicina racional e das diretrizes de ordem ética no exercício da profissão foi de tamanha monta que, até os dias de hoje, os novos médicos, por ocasião de sua formatura, recitam o famoso Juramento de Hipócrates:

> *"Eu juro, por Apolo médico, por Esculápio, Hígia e Panacea, e tomo por testemunhas todos os deuses e to-*

3 ISMAEL, J.C. O médico e o paciente: breve história de uma relação delicada. 2ª Edição revista e ampliada. São Paulo: MG Editores. 2005 (p. 40)

das as deusas, cumprir, segundo meu poder e minha razão, a promessa que se segue: Estimar, tanto quanto a meus pais, aquele que me ensinou esta arte; fazer vida comum e, se necessário for, com ele partilhar meus bens; ter seus filhos por meus próprios irmãos; ensinar-lhes esta arte, se eles tiverem necessidade de aprendê-la, sem remuneração e nem compromisso escrito; fazer participar dos preceitos, das lições e de todo o resto do ensino, meus filhos, os de meu mestre e os discípulos inscritos segundo os regulamentos da profissão, porém, só a estes. Aplicarei os regimes para o bem do doente segundo o meu poder e entendimento, nunca para causar dano ou mal a alguém. A ninguém darei por comprazer, nem remédio mortal nem um conselho que induza a perda. Do mesmo modo não darei a nenhuma mulher uma substância abortiva. Conservarei imaculada minha vida e minha arte. Não praticarei a talha, mesmo sobre um calculoso confirmado; deixarei essa operação aos práticos que disso cuidam. Em toda casa, aí entrarei para o bem dos doentes, mantendo-me longe de todo o dano voluntário e de toda a sedução, sobretudo dos prazeres do amor, com as mulheres ou com os homens livres ou escravizados. Àquilo que no exercício ou fora do exercício da profissão e no convívio da sociedade, eu tiver visto ou ouvido, que não seja preciso divulgar, eu conservarei inteiramente secreto. Se eu cumprir este juramento com fidelidade, que me seja dado gozar felizmente da vida e da minha profissão, honrado para sempre entre os homens; se eu dele me afastar ou infringir, o contrário aconteça".

Contudo, a visão da medicina de Hipócrates e de seus seguidores não é isenta de críticas.

J.C. Ismael lembra que, para o médico inglês Richard Gordon, "*Hipócrates foi um ancestral desastroso, ao reivindi-*

car a autoridade inquestionável em relação ao paciente, do qual espera receber submissão absoluta"[4].

De fato, se por um lado Hipócrates lançou as bases para a medicina científica e estabeleceu diretrizes deontológicas para o seu exercício que se perpetuam até os dias de hoje e influenciaram o que posteriormente vieram a se firmar como preceitos bioéticos (como a beneficência, a não maleficência, o sigilo etc), por outro lado sua visão acerca do papel do médico, em termos de autoridade sobre o paciente, pouco difere do entendimento que prevalecia na relação dos doentes com os sacerdotes e feiticeiros.

Estes detinham autoridade sobre o doente em virtude de seu pretenso entendimento dos aspectos sobrenaturais da doença e sua conexão com o divino. Aqueles, por sua vez detém a autoridade pois são os indivíduos que concentram o conhecimento enquanto expressão máxima do saber.

Em outras palavras, o aspecto religioso e místico na compreensão das causas e tratamento das doenças cedeu lugar à racionalidade lastreada na observação e no método científico. Porém, a relação com o doente propriamente, continuou baseada em uma relação de poder e submissão: antes perante o sacerdote, agora perante o médico.

É justamente dentro deste contexto que se insere a noção do conceito do paternalismo hipocrático.

Note-se que o Juramento de Hipócrates acima reproduzido, privilegia o que se poderia chamar de princípio da beneficência impositiva e a estabelece como uma premissa da conduta médica: *"Aplicarei os regimes para o bem do doente*

4 ISMAEL, J.C. O médico e o paciente: breve história de uma relação delicada. 2ª Edição revista e ampliada. São Paulo: MG Editores. 2005 (p. 49)

segundo o meu poder e entendimento, nunca para causar dano ou mal a alguém".

Observe-se, portanto, que o médico, pelo juramento prestado, pressupõe a investidura de um "poder" oriundo não mais dos deuses mas, sim, de seu conhecimento, assumindo a responsabilidade de usá-lo para o bem do paciente.

Por outro lado, não há no juramento hipocrático qualquer referência à prevalência da vontade do paciente, ou ainda, de qualquer critério para se estabelecer o que seja "bem", afinal.

Em verdade, a premissa que orientava a medicina grega pautava-se por um modelo em que a definição do tratamento recai exclusivamente sobre o médico (detentor da *téchne* ou *ars medica*), sem qualquer participação do paciente.

Conforme observa Carlos Emmanuel Joppert Ragazzo[5] *"(...) a relação paternalista, ao menos inicialmente, não encarava o paciente como um sujeito, mas sim como um objeto de prestação de serviços médicos. Até o século XVII, os médicos consideravam que o paciente nada mais era do que um corpo, um verdadeiro conjunto de órgãos reunidos dentro de um organismo e nada mais. Não havia especificamente delineada a ideia de personalidade do paciente".*

Também Heloisa Helena Barboza[6] preleciona que *"(...) desde os tempos de Hipócrates até os nossos dias, busca-se*

5 RAGGAZZO, Carlos Emmanuel Joppert. O dever de informar dos médicos e o consentimento informado. 1ª Ed. 4ª tiragem. Curitiba: Juruá, 2009 (p. 41).

6 BARBOZA, Heloisa Helena. A autonomia da Vontade e a relação médico-paciente no Brasil. Lex Medicinae - Revista Portuguesa de Direito da Saúde 2:7, 2004.

o bem do paciente, ou seja, aquilo que, do ponto de vista da medicina, se considera benéfico para o paciente, sem que esse em nada intervenha na decisão. Esse tipo de relação, apropriadamente denominada paternalista, atribui ao médico o poder de decisão sobre o que é melhor para o paciente. Similar à relação dos pais para com os filhos, foi durante longo tempo considerada a relação ética ideal, a despeito de negar ao enfermo sua capacidade de decisão como pessoa adulta".

Dentro deste contexto, se a medicina é uma ciência, o doente seria mero objeto de estudo. Não é indivíduo, não é sujeito, é apenas um problema a ser solucionado.

Nesta ordem de ideias, não cabia ao paciente questionar ou se opor ao tratamento preconizado pelo médico, devendo, simplesmente, se limitar a submeter-se ao mesmo.

Esta relação de poder totalmente assimétrica, em que o paciente assumia papel absolutamente passivo e se estendeu por séculos, levou Focault a vislumbrar um futuro sombrio, onde a medicina moderna conduziria a um cenário em que os pacientes perderiam *"(...) o direito sobre seu próprio corpo, o direito de viver, de estar doente, de se curar e morrer como quiserem"*[7].

Neste cenário, o paternalismo que em essência teria uma finalidade inicialmente de proteção, acabaria por subjugar a vontade e a individualidade do sujeito.

7 FOUCAULT, M. O nascimento da Medicina Social. Microfísica do poder. Tradução Roberto Machado. Rio de Janeiro: Graal, 1979.

1.2. mudança de paradigma na relação médico-paciente: a era da autonomia

A partir do século XVII, surgiram movimentos de cunho sociopolítico reconhecendo a liberdade do indivíduo, permitindo maior participação nas questões políticas, econômicas e sociais.

Florescia a democracia representativa, o estabelecimento do Estado Democrático de Direito e o desenvolvimento dos direitos humanos.

John Stuart Mill, clássico defensor da liberdade individual, ponderou que, na medida em que o indivíduo não esteja prejudicando aos demais, "*(...) sua independência é, por direito, absoluta. No que diz respeito a si mesmo, ao próprio corpo e à própria mente, o indivíduo é soberano*"[8].

A autonomia do indivíduo, pode-se dizer, estaria intrínseca e indissociavelmente atrelada à própria noção de dignidade da pessoa humana.

A estrutura essencialmente piramidal da sociedade e das relações de poder estavam em xeque.

Foi neste ambiente que, também no contexto da relação médico-paciente e do próprio exercício da medicina em si, observaram-se mudanças no equilíbrio desta relação, como forma de mitigar a objetificação do indivíduo enquanto paciente.

A Segunda Grande Guerra Mundial sem dúvidas foi um dos eventos que catalisou a necessidade de revisão desta re-

8 MILL. John Stuart. On Liberty (1859), Stefan Collini, Ed. Cambridge, Cambridge University Press, 1989, cap. 1.

lação em virtude das pavorosas experimentações médicas realizadas com seres humanos de forma não consentida.

Talvez em nenhum momento da História se tenha presenciado tamanha literal objetificação de seres humanos ou, ainda, a sua completa desumanização.

Em resposta aos horrores dos campos e às intervenções médicas não autorizadas, surgiram dispositivos normativos considerados marcos históricos de ordem ético-jurídica.

Entre eles, pode-se destacar o Código de Nuremberg, de 1948, que ao abordar a questão de experimentações científicas com seres humanos, estabeleceu em seu artigo 1º que:

> *"O consentimento voluntário do ser humano é absolutamente essencial. Isso significa que as pessoas que serão submetidas ao experimento devem ser legalmente capazes de dar consentimento; essas pessoas devem exercer o livre direito de escolha sem qualquer intervenção de elementos de força, fraude, mentira, coação, astúcia ou outra forma de restrição posterior; devem ter conhecimento suficiente do assunto em estudo para tomarem uma decisão. Esse último aspecto exige que sejam explicados às pessoas a natureza, a duração e o propósito do experimento; os métodos segundo os quais será conduzido; os efeitos sobre a saúde ou sobre a pessoa do participante, que eventualmente possam ocorrer, devido à sua participação no experimento. O dever e a responsabilidade de garantir a qualidade do consentimento repousam sobre o pesquisador que inicia ou dirige um experimento ou se compromete nele. São deveres e responsabilidades pessoais que não podem ser delegadas a outrem impunemente".*

Também merece destaque a Declaração de Helsinque, de 1964, que estabelece de forma detalhada o consentimento informado do paciente submetido à pesquisa científica que "*em qualquer pesquisa com seres humanos, cada participante em potencial deve ser adequadamente informado sobre as finalidades, os métodos, os benefícios esperados, os possíveis riscos e sobre o desconforto que a pesquisa possa trazer. O participante em potencial deve ser informado de que tem a plena liberdade para se abster da participação na pesquisa e de que é livre para suspender o consentimento sobre sua participação a qualquer momento. O médico deve obter então o consentimento informado, dado de forma livre e preferencialmente por escrito*".

Observe-se que o Código de Nuremberg e a Declaração de Helsinque se referem, especificamente, às experimentações científicas com seres humanos e não, necessariamente, ao ato médico no âmbito da relação médico-paciente.

Ainda assim, sua importância como marcos legais é indiscutível e serviram como diretrizes para diversas normas posteriores como, por exemplo, o Pacto Internacional de Direitos Civis e Políticos (1966), a Declaração de Lisboa sobre os Direitos do Doente (1981), a qual estabeleceu que: "*O Doente tem o direito de aceitar ou recusar tratamento após ter recebido informação adequada*", além da Declaração para a Promoção dos Direitos dos Pacientes (1994), promulgada no âmbito da Organização Mundial de Saúde.

Mais recentemente, o texto jurídico de maior relevância nesta seara é a Convenção de Direitos Humanos e Biomedicina (1997).

Referido documento aborda diversos temas relacionados à bioética como o respeito à dignidade do ser humano, a não discriminação, e integridade, assim como, buscou normatizar o consentimento informado elevando-o ao nível de direitos humanos.

Neste sentido, o artigo 5º estabelece:

> *"Uma intervenção no campo da saúde só pode ser realizada depois de a pessoa (que sofrerá a intervenção) ter dado seu consentimento livre e informado para tal. Essa pessoa deve, antecipadamente, receber informações apropriadas acerca do propósito e natureza da intervenção, bem como de seus riscos".*

Acerca da importância do documento, discorre Paula Martinho da Silva[9]:

> *"Estabelece-se que o interesse do ser humano deve prevalecer sobre o interesse da ciência e, inclusivamente, da sociedade o que evidentemente constitui uma novidade que reflete o conceito de que o ponto de vista do indivíduo é o que prevalece quando se trata da sua saúde ou da sua participação na investigação. Este princípio implica que todo o indivíduo deve ser informado quanto a qualquer intervenção assistencial ou de investigação e que nenhum intervenção pode levar-se a cabo sem que o indivíduo esteja de acordo uma vez compreendidos todos os aspectos relevantes. A aceitação deste princípio supõe o fim do paternalismo médico muito arraigado em nossa cultura e cuja substituição progressiva não se consegue simplesmente com uma mudança legislativa mas que exige, outrossim, uma mudança cultural necessariamente mais lenta".*

9 SILVA, Paula Martinho da. Convenção dos Direitos do Homem e da Biomedicina Anotada. Lisboa: Cosmos, 1997.

De fato, um dos princípios da Bioética estabelecidos já na década de 70 por Tom L. Beauchamp e James F. Childress[10] é, justamente, o da autonomia do paciente, de modo que este seja ator ativo na relação médico-paciente, tomando decisões conscientes sobre seu corpo e sua vida, baseado em seus valores e convicções.

O médico, por sua vez, embora tenha mantida a sua autoridade técnica, não se encontra mais em uma posição de poder absoluto sobre o paciente de modo a definir ou impor unilateralmente os procedimentos e tratamentos.

Conforme preleciona Genival Veloso de França[11] *"(...) o ato médico não implica um poder excepcional sobre a vida ou saúde do paciente. O dever de informar é imperativo como requisito prévio para o consentimento".*

O pediatra americano E. Gauderer[12] pondera que *"(...) o paciente ou seu responsável tem o direito de saber todos os dados a respeito de seu corpo, de sua saúde ou de sua doença, uma vez que esse corpo, essa saúde e inclusive a doença lhe pertencem, e não ao médico. O paciente permite ao medico ou ao profissional de saúde lidar com ele, mas não lhe outorga, necessariamente o direito de, unilateralmente, na maioria das vezes, decidir por ele".*

Argumenta Brunello Souza Stancioli que "*para que a relação médico paciente seja ética e juridicamente legítima, deve ter como fundamento básico a autonomia dos participantes.*

10 Beauchamp TL, Childress JF. Principles of Biomedical Ethics. 4ed. New York: Oxford University Press, 1994

11 FRANÇA, Genival Veloso. Direito Médico. 13ª Edição revista, atualizada e ampliada. Ed. Forense. Rio de Janeiro (p. 258)

12 GAUDERER, E. Christian. Os direitos do paciente. Ed. Record, Rio de Janeiro, 1993 (pp. 47/48)

A fim de que tal ocorra, a doutrina bioética desenvolveu ao longo do século XX (precipuamente na sua segunda metade) a teoria do consentimento informado"[13].

Com efeito, para que o paciente possa exercer o direito de tomada de decisões autônomas, é imprescindível que compreenda seu quadro, tenha acesso à informação adequada, conheça as opções de tratamento e seus riscos e, ciente de tudo isso, defina conjuntamente com seu médico o caminho que deseja seguir.

Daí decorre que houve, ao longo das últimas décadas – e mais acentuadamente no período pós Segunda Guerra -, uma mudança de paradigmas no tocante aos direitos humanos que refletiram também na relação médico-paciente, deslocando-se o paternalismo característico da ética hipocrática, para um maior equilíbrio da relação do profissional com o doente, com a necessária humanização do paciente e respeito à sua autonomia e dignidade enquanto sujeito de direito.

Ainda assim, é imperativo considerar que esta nova visão da relação médico paciente não implica, necessariamente, em um conflito de princípios.

Stancioli pondera que: "*a relação entre beneficência e autonomia não deve ser de oposição, mas de incorporação. O princípio da beneficência deve subordinar-se ao princípio da autonomia: o dever do médico (relativo ao tratamento) advém, pois, da vontade do paciente*"[14].

13 STANCIOLI, Brunello Souza. Relação jurídica médico-paciente. Ed. Del Rey: Belo Horizonte, 2004 (p. 48)

14 STANCIOLI, Brunello Souza. Relação jurídica médico-paciente. Ed. Del Rey: Belo Horizonte, 2004 (p. 98)

Pode-se dizer que, estando o paciente no centro da assistência médica, todos os demais princípios que orientam a atividade médica (beneficência, não maleficência, equidade), giram em torno do indivíduo.

Trata-se da humanização absoluta tendo o indivíduo por centro da atenção médica, em contraponto à desumanização testemunhada nos campos de extermínio nazistas.

Trata-se da atividade médica pautada pelo respeito à dignidade da pessoa humana, princípio universal das nações civilizadas e que, conforme uma das enunciações do imperativo categórico Kantiano[15], consiste em que toda pessoa seja tratada como um fim em si mesma.

15 KANT, Immanuel. Fundamentação da metafísica dos costumes, 2004, (pp. 68 e s).

2

O DEVER DE INFORMAÇÃO NO ÂMBITO DA RELAÇÃO MÉDICO PACIENTE

Como abordado no capítulo anterior, evidencia-se que houve ao longo dos anos – e de forma mais evidente na segunda metade do século XX -, uma significativa mudança de paradigma na relação médico paciente, na medida em que a prevalência do princípio da beneficência, centrada em um paternalismo muitas vezes superprotetor (e quase tirânico), cedeu lugar à prevalência do princípio da autonomia, de tal sorte que o paciente, deixando de assumir posição meramente passiva, assume-se como sujeito de direito na relação médico-paciente, a qual passa a ser mais equilibrada.

Em verdade, a autonomia pressupõe exatamente que o paciente assume posição de protagonismo nas decisões acerca de sua saúde e sua vida, inclusive no tocante à aceitação dos riscos inerentes às suas escolhas.

Por outro lado, enquanto sujeito de direitos, a plena autonomia do paciente somente pode ser efetivada por meio do adequado consentimento, o qual, por sua vez, tem como pressuposto a informação clara e adequada.

A partir daí, dentro desta nova dinâmica que norteia a moderna relação médico-paciente, Gustavo Tepedino assim classifica as obrigações do médico: "*a) dever de fornecer ampla informação quanto ao diagnóstico e o prognóstico; b) emprego de todas as técnicas disponíveis para a recuperação do paciente aprovadas pela comunidade científica e legalmente permitidas; c) tutela do melhor interesse do enfermo em favor de sua dignidade e integridade física e psíquica"*[1].

No escopo do presente estudo, vamos nos debruçar sobre o dever de informar do profissional de saúde como um imperativo ético e legal decorrente da nova relação médico-paciente pautada pelo respeito ao princípio da autonomia do paciente, bem como nas consequências decorrentes da inobservância deste dever no âmbito da responsabilidade civil do profissional de saúde.

2.1. O dever de informar à luz da Constituição Federal

Em 1948 a Declaração Universal dos Direitos Humanos, adotada e proclamada pela Assembleia Geral das Nações Unidas como o ideal comum a ser atingido por todos os povos e todas as nações, estabeleceu em seu artigo 1º que *"Todos os seres humanos nascem livres e iguais em dignidade e direitos. São dotados de razão e consciência e devem agir em relação uns aos outros com espírito de fraternidade"*.

Em consonância com esta diretriz normativa, a Constituição Federal Brasileira de 1988 estabeleceu expressamente como um de seus fundamentos a dignidade da pessoa humana:

> *"Art. 1º, CF: A República Federativa do Brasil, formada pela união indissolúvel dos Estados e Municípios e do*

1 TEPEDINO, Gustavo. A responsabilidade médica na experiência contemporânea brasileira. Revista Trimestral de Direito Civil. Padma: Rio de Janeiro, 2002. v. 12 (pp. 59/70).

> *Distrito Federal, constitui-se em Estado Democrático de Direito e tem como fundamentos:*
> *(...)*
> *III - a dignidade da pessoa humana".*

Na lição de Alexandre de Moraes o fundamento da dignidade da pessoa humana "*concede unidade aos direitos e garantias fundamentais, sendo inerente às personalidades humanas. Esse fundamento afasta a ideia de predomínio das concepções transpessoalistas de Estado de Nação, em detrimento da liberdade individual. A dignidade é um valor espiritual e moral inerente à pessoa, que se manifesta singularmente na autodeterminação consciente e responsável da própria vida e que tras consigo a pretensão ao respeito por parte das demais pessoas, constituindo-se um mínimo invulnerável que todo estatuto jurídico deve assegurar, de modo que, somente excepcionalmente, possam ser feitas limitações ao exercício dos direitos fundamentais, mas sempre sem menosprezar a necessárias estima que merecem todas as pessoas enquanto seres humanos*"[2].

Roxana Cardoso Brasileiro Borges pondera que na medida em que a dignidade da pessoa humana é alçada ao nível de um preceito constitucional " *(...) seu valor torna-se, explicitamente, um princípio, uma norma de dever ser, com caráter jurídico e vinculante, cuja carga axiológica tem caráter obrigatório e, por estar no topo do ordenamento jurídico como princípio fundamental, vincula todas as esferas jurídicas, informando, em especial, os direitos de personalidade,*

2 MORAES, Alexandre de. Direito Constitucional. Ed. Atlas, São Paulo: 2005, 17ª Edição (p. 16).

salientando a necessidade de se fazer uma interpretação civil-constitucional das normas presentes no Código"[3].

Sarmento argumenta que "(...) *os direitos fundamentais configuram o epicentro axiológico da ordem jurídica*" e que sua "*eficácia irradiante impõe uma nova leitura de todo o direito positivo. Através dela, os direitos fundamentais deixam de ser concebidos como meros limites para o ordenamento, e se convertem no norte do direito positivo, no seu verdadeiro eixo gravitacional*"[4].

No tocante ao dever de informação no âmbito da relação médico-paciente – objeto do presente estudo -, pode-se dizer que tal obrigação encontra eco no fundamento constitucional da dignidade da pessoa humana na medida em que o paciente deve ser visto não como objeto e, sim, como indivíduo sujeito de direitos, de tal sorte que sua individualidade, inviolabilidade, convicções e autonomia devem ser respeitadas pelo profissional de saúde, o que passa pelo necessário dever de prestar informações adequadas.

Da mesma forma, o texto constitucional privilegia ainda expressamente o direito à liberdade (art. 5º, CF/88), aqui entendida em contexto amplo (e para os fins do presente trabalho), como abrangente do direito de cada indivíduo se autodeterminar.

Ao não informar adequadamente o paciente por desídia ou simplesmente por considerar o doente inferior, incapaz de compreender ou tomar decisões de forma consciente e

3 BORGES, Rosana Cardoso Brasileiro. Dos Direitos da Personalidade, in Teoria Geral do Direito Civil. Coordenação de Renan Lotufo e Giovanni Ettore Nanni. Ed. ATLAS, São Paulo: 2008 (p. 284).

4 SARMENTO, Daniel. Direitos Fundamentais e Relações Privadas. 2ª edição, 2ª tiragem, Rio de Janeiro: Editora Lumen Juris, 2008

livre, o médico além de flagrante afronta ao princípio da dignidade, incide em odiosa violação ao princípio da liberdade e, portanto, ao texto constitucional.

Como já dito anteriormente, o médico não se encontra, atualmente, em condição de impor tratamentos a seu bel prazer (ainda que movido pela melhor das intenções), sem considerar os desejos, a autonomia e, em última análise, a dignidade do paciente.

O dever de informar encontra respaldo não apenas no texto constitucional mas também na legislação infraconstitucional e normativas deontológicas, como a seguir abordaremos.

2.2. O dever de informar à luz do Código Civil

No âmbito do Código Civil, pode-se dizer que o dever de informação decorre do princípio da boa fé objetiva, tal como previsto pelo art. 422, do Código Civil:

> *"Art. 422. Os contratantes são obrigados a guardar, assim na conclusão do contrato, como em sua execução, os princípios de probidade e boa-fé".*

Conforme o ensinamento de Miguel Reale *"(...) a boa-fé objetiva apresenta-se como uma exigência de lealdade, modelo objetivo de conduta, arquétipo social pelo qual impõe o poder-dever que cada pessoa ajuste a própria conduta a esse arquétipo, obrando como obraria uma pessoa honesta, proba e leal"*[5].

5 REALE, Miguel. A boa-fé no código civil. 16.08.2003. Disponível em: <http://www.miguelreale.com.br/artigos/boafe.htm> (acessado em 13.02.2018)

Para Assis Neto, a boa-fé "*(...)* é norma de conduta que se posta no plano horizontal de autuação das partes na relação contratual, em ordem a lhes impor deveres de respeito e honestidade no trato com o outro contratante"[6].

Outro dispositivo do Código Civil que faz eco ao dever de informação é o artigo 15, CC:

> *"Art. 15. Ninguém pode ser constrangido a submeter-se, com risco de vida, a tratamento médico ou a intervenção cirúrgica".*

Álvaro Villaça Azevedo, salienta que «(...) *o dispositivo visa à preservação da integridade do corpo humano, diante das situações em que um tratamento médico necessário a longo prazo para o restabelecimento do enfermo possa colocar em risco a sua própria vida. Ressalta-se aqui o papel do médico, não apenas daquele que está por realizar o tratamento ou dita intervenção, mas de outro que ateste eventual risco nesse procedimento. O bem jurídico maior tutelado é a própria vida do cidadão, que estaria em risco por conta de um tratamento apontado como necessário*"[7].

Carlos Roberto Gonçalves esclarece que "(...) o *art.15 do Código Civil consagra importante direito de personalidade (...). A regra obriga os médicos, nos casos mais graves, a não atuarem sem prévia autorização do paciente, que tem a prerrogativa de se recusar a se submeter a um tratamento pe-*

6 ASSIS NETO, Sebastião de Marcelo de Jesus, Maria Izabel de Melo, Manual do Direito Civil, 3ª edição, São Paulo, Juspovivm: 2014.

7 AZEVEDO, Álvaro Villaça e NICOLAU, Gustavo Rene. Código Civil Comentado, das Pessoas e dos Bens. Editora Atlas. São Paulo, Coordenador Àlvaro Villaça Azevedo, vol. I.

rigoso. A sua finalidade é proteger a inviolabilidade do corpo humano. Vale ressaltar, in casu, a necessidade e a importância do fornecimento de informação detalhada ao paciente sobre o seu estado de saúde e o tratamento a ser observado, para que a autorização possa ser concedida com pleno conhecimento dos riscos existentes" [8].

Embora o dispositivo legal acima trate do dever de informação associado aos procedimentos que impliquem em risco de vida ao paciente, sua interpretação obviamente deve se dar de forma sistemática, associada aos demais dispositivos constantes do Código Civil (como o dever de boa-fé objetiva, acima abordado), e aos dispositivos constitucionais igualmente invocados (da liberdade e da dignidade da pessoa humana), de tal forma que o dever de informação se impõe em qualquer circunstância da relação médico-paciente, independentemente da gravidade, extensão ou complexidade do procedimento proposto.

Em outras palavras, seja o procedimento simples ou complexo, exista ou não o risco de vida, sempre subsistirá o dever de informação por parte do profissional de saúde.

Vale dizer que a ausência de informação clara e esclarecimento suficientemente adequado implica, em última análise, à violação da boa-fé objetiva que deve reger a relação médico-paciente e à autonomia do indivíduo no tocante à sua liberdade individual de escolha acerca dos procedimentos aos quais deseja ou não se submeter.

8 GONÇALVES, Carlos Roberto. Direito Civil Brasileiro: volume 4: responsabilidade civil. 7ª ed. São Paulo: Saraiva, 2010.

2.3. O dever de informar à luz do Código de Defesa do Consumidor

Durante certo tempo houve divergência acerca da aplicabilidade ou não do Código de Defesa do Consumidor (CDC) à relação médico-paciente dado o fato de envolver bem tão relevante como a saúde e a vida.

Como evidência desta certa, digamos, recalcitrância em admitir a relação médico-paciente como de consumo, basta observar que o próprio Código de Ética Médica em vigor (Resolução CFM 2.217/2018), prevê entre seus princípios fundamentais que: *"IX – A Medicina não pode, em nenhuma circunstância ou forma, ser exercida como comércio".* E também que: *"XX - A natureza personalíssima da atuação profissional do médico não caracteriza relação de consumo".*

Em consonância com esta linha, alguns autores consideram que a relação médico-paciente ostenta uma natureza *sui generis* e que a vida e a saúde não podem ser equiparados a bens ou produtos, de tal sorte que a relação do médico com seus pacientes não pode ser considerada meramente como de consumo.

Neste sentido, Antônio Ferreira Couto Filho e Alex Pereira Filho fazem veemente ressalva a esta concepção consumerista da relação médico-paciente:

> *"A relação médico/paciente não pode ser considerada mera relação de consumo. Os operadores do Direito precisam estar atentos à função social que o serviço de saúde representa, e tem a obrigação de zelar pela instituição médica e pelo médico digno, aliás é a ordem disciplinada no art. 1º, inciso II, da Carta Magna, pois o médico é pessoa humana. Tratar a relação médico/paciente como relação de consumo é impingir àquela o mesmo ris-*

co existente na prestação de um serviço preciso e exato, como consertar um cano, tarefa na qual a rosca tem de ser do mesmo tamanho da entrada do cano, ou ainda de fabricar uma série de um produto qualquer, na qual, sem dúvida, poderá sair algum com defeito. Quando falamos de prestação de serviço de saúde, estamos diante de algo inexato, pois mesmo quando o serviço é prestado corretamente, fatores totalmente alheios ao prestador podem ocorrer (...) À toda evidência, se a vida e a saúde não são bens de consumo – não se podendo deixar de dizer que são muito mais do que isto, são inalienáveis – o médico bem como os estabelecimentos de saúde, não são fornecedores nem prestadores de serviços e, por conseguinte, a relação médico/paciente não pode ser regida pelo Código de Defesa do Consumidor, sendo certo dizer ainda que, que os pacientes, por sua vez, não serão consumidores ao procurarem os profissionais de saúde para se tratar", posto que não podem ser comparadas a nenhum produto (...) se a vida e a saúde não são bens de consumo – não se pode deixar de dizer que são muito mais que isto, são bens inalienáveis (...). Para que as atividades humanas sejam açambarcadas pelo Código de Defesa do Consumidor, é necessário que se tenha em primeiríssimo lugar, como ponto inicial e vital, nestas referidas relações, uma atividade consumerista"[9].

No entanto, e não obstante tais vozes em sentido contrário, atualmente a aplicabilidade do Código de Defesa do Consumidor à prestação de serviços médicos é reconhe-

9 COUTO FILHO, Antonio Ferreira; SOUZA, Alex Pereira. *Responsabilidade civil médica e hospitalar: repertório jurisprudencial por especialidade médica, teoria da eleição procedimental.* Belo Horizonte: Del Rey, 2001

cida de forma remansosa pela jurisprudência, inclusive do Superior Tribunal de Justiça (STJ).

Neste tocante aquela Corte há anos já assentou que: "*A orientação desta Corte é no sentido de que aplica-se o Código de Defesa do Consumidor aos serviços médicos*" (AgRg no Ag 1229919/PR, Rel. Ministro SIDNEI BENETI, TERCEIRA TURMA, julgado em 15/04/2010, DJe 07.05.2010)

No mesmo sentido, é a doutrina jurídica majoritariamente predominante.

Neste contexto, tem-se o paciente enquadrado dentro do conceito de consumidor, conforme estabelecido pelo artigo 2º do Código de Defesa do Consumidor:

> *"Art. 2°, CDC: Consumidor é toda pessoa física ou jurídica que adquire ou utiliza produto ou serviço como destinatário final".*

Da mesma forma, o profissional de saúde (tanto quanto os hospitais, clínicas e laboratórios) enquadram-se no conceito de fornecedor previsto no artigo 3º do mesmo dispositivo legal:

> *"Art. 3°, CDC: Fornecedor é toda pessoa física ou jurídica, pública ou privada, nacional ou estrangeira, bem como os entes despersonalizados, que desenvolvem atividade de produção, montagem, criação, construção, transformação, importação, exportação, distribuição ou comercialização de produtos ou prestação de serviços".*

Admitida esta premissa, temos que no tocante específico ao dever de informação no âmbito da relação médico paciente (objeto do presente estudo), há farta base legal a impor o reconhecimento de tal obrigação também à luz do Código de Defesa do Consumidor.

Neste contexto, destacam-se o artigo 6º, inciso III, artigo 9º e o artigo 31, todos do Código de Defesa do Consumidor:

> Art. 6º, III, CDC: *"São direitos básicos do consumidor: a informação adequada e clara sobre os diferentes produtos e serviços, com especificação correta de quantidade, características, composição, qualidade, tributos incidentes e preço, bem como sobre os riscos que apresentem"*
>
> Art. 9º, CDC: *"O fornecedor de produtos e serviços potencialmente nocivos ou perigosos à saúde ou segurança deverá informar, de maneira ostensiva e adequada, a respeito da sua nocividade ou periculosidade, sem prejuízo da adoção de outras medidas cabíveis em cada caso concreto".*
>
> Art. 31, CDC: *"A oferta e apresentação de produtos ou serviços devem assegurar informações corretas, claras, precisas, ostensivas e em língua portuguesa sobre suas características, qualidades, quantidade, composição, preço, garantia, prazos de validade e origem, entre outros dados, bem como sobre os riscos que apresentam à saúde e segurança dos consumidores"*

Para Cláudia Lima Marques *"(...) a informação médica é dever de conduta de boa-fé (contrário da autuação negligente), informar clara e adequadamente é um dever de cuidado com o outro parceiro contratual (atuação prudente), informação é poder (estado subjetivo de saber ou não saber), logo, informar suficiente e lealmente é cooperar com o outro (se abstendo de abuso ou desvio de poder na relação médico-paciente-consumidor)"* [10].

Rizzato Nunes, ao abordar o dever de informação previsto no Código de Defesa do Consumidor esclarece que *"(...) com efeito, na sistemática implantada pelo CDC, o fornecedor está obrigado a prestar todas as informações acerca do produto e do serviço, suas características, qualidades, riscos, preços e etc., de maneira clara e precisa, não se admitindo falhas ou omissões"* [11].

2.4. O dever de informar à luz do Código de Ética Médica

Como visto acima, não obstante o Código de Ética Médica repudie a noção da relação médico paciente como de consumo, ainda assim as diretrizes de ordem deontológica tem muito em comum com os princípios consumeristas (ainda que involuntariamente), entre eles, o dever de informação.

O Código de Ética Médica em vigor (Resolução CFM 2.217/2018), em seu artigo 34, estabelece ser vedado ao médico: *"(...) Deixar de informar ao paciente o diagnóstico, o prognóstico, os riscos e os objetivos do tratamento, salvo quando a comunicação direta possa lhe provocar dano, devendo, nesse caso, fazer a comunicação a seu representante legal"*.

10 MARQUES, Cláudia Lima. A responsabilidade dos médicos e do hospital por falha no dever de informar ao consumidor. In: MARQUES, Cláudia Lima; MIRAGEM, Bruno (orgs.). Direito do Consumidor: proteção da confiança e práticas comerciais. São Paulo: Revista dos Tribunais, Coleção doutrinas essenciais; v.3, 2011

11 NUNES, Rizzato. Curso de Direito do Consumidor. Saraiva, 2005. p. 129.

Observe-se que o dispositivo ético acima referido é abrangente na medida em que abarca diversas fases do ato médico, desde a anamnese inicial passando pelo tratamento em si.

Conforme pondera Ragazzo "*(...) a prestação dos serviços médicos pode incluir diversas etapas. Em um primeiro contato com o paciente, o médico realiza o exame clínico, a fim de que possa ser firmado um diagnóstico da doença. Para que o médico possa ter alguma precisão a respeito de possíveis patologias (e até mesmo para que possa receitar os exames pertinentes), é preciso que o paciente lhe relate o histórico dos sintomas e padecimentos, procedimento que se denomina anamnese. Ultrapassada a fase do diagnóstico, inicia-se o tratamento médico (...). Em todas as etapas da prestação dos serviços médicos, a informação é parte fundamental das obrigações que formam o conteúdo do contrato*"[12].

O que se busca evidenciar é que o dever de informação não se limita a um único ato o momento, mas, mais do que isso, consiste em um imperativo ético (e legal) que deve nortear toda a relação médico-paciente.

O Código de Ética Médica traz, ainda, outros dispositivos nos quais se evidencia a consagração do dever de informação.

Neste sentido, pode-se mencionar o quanto disposto no artigo 87, o qual prevê ser vedado ao médico "*Deixar de elaborar prontuário legível para cada paciente*" ou, ainda, no artigo 88, que considera ser vedado ao médico "*Negar ao paciente ou, na sua impossibilidade, a seu representante*

12 RAGGAZZO, Carlos Emmanuel Joppert. O dever de informar dos médicos e o consentimento informado. 1ª Ed. 4ª tiragem. Curitiba: Juruá, 2009 (p. 72).

legal, acesso a seu prontuário, deixar de lhe fornecer cópia quando solicitada, bem como deixar de lhe dar explicações necessárias à sua compreensão, salvo quando ocasionarem riscos ao próprio paciente ou a terceiros".

Genival Veloso de França esclarece que o prontuário médico não se limita ao *"(...) registro da anamnese do paciente, mas todo acervo documental padronizado, ordenado e conciso, referente ao registro dos cuidados médicos prestados e aos documentos anexos*[13]", de forma a garantir a segurança e natureza informativa a todos os envolvidos (tanto a equipe médica quanto o próprio paciente).

O artigo 11 do Código de Ética Médica também considera conduta infracional aquela em que o médico venha a *"Receitar, atestar ou emitir laudos de forma secreta ou ilegível, sem a devida identificação de seu número de registro no Conselho Regional de Medicina da sua jurisdição, bem como assinar em branco folhas de receituários, atestados, laudos ou quaisquer outros documentos médicos".*

Ainda a título de ilustração acerca do dever de informação sacramentado pelo Código de Ética Médica, pode-se mencionar o quanto disposto pelo artigo 86, que veda ao médico *"deixar de fornecer laudo médico ao paciente ou a seu representante legal quando aquele for encaminhado ou transferido para continuação do tratamento ou em caso de solicitação de alta".*

Veja-se, portanto, a importância que o Código de Ética Médica atribui às informações abrangentes, completas e legíveis, de modo que seja permitida sua completa compreensão tanto por parte da equipe médica quanto do próprio paciente.

13 FRANÇA, Genival Velloso de. Direito Médico, 8ª edição, São Paulo: Fundo Editorial Byk, 2003

3

O CONSENTIMENTO DO PACIENTE COMO COROLÁRIO DA INFORMAÇÃO ADEQUADA

Conforme exposto nos capítulos anteriores, o respeito à autonomia do paciente (novo paradigma da relação médico-paciente), pressupõe a prestação de informações claras, suficientes e adequadas, em um processo de comunicação que culmine com o consentimento do paciente na realização dos procedimentos e tratamentos propostos.

Em outras palavras, o consentimento do paciente é verdadeiro corolário de um processo de informação adequado.

Miguel Kfouri Neto, neste sentido, sustenta que "*(...) no caso consentimento para o ato médico, uma atuação na esfera psíquico-física do paciente, com o propósito de melhoria da saúde do próprio enfermo ou de terceiro (...) representa mais de que uma mera faculdade de escolha do médico (...) representará o corolário do 'processo dialógico e de recíprocas informações' entre o médico e o paciente*"[1].

Segundo André Gonçalo Dias Pereira, o dever de informação implica em "(...) *permitir que o paciente faça conscientemente a sua opção, com responsabilidade própria face à intervenção, conhecendo os custos e consequências bem*

---

1 KFOURI NETO, Miguel. Culpa médica e o ônus da prova. Ed. RT, São Paulo: 2002 (p. 37).

como os seus riscos, assumindo-se assim o doente como senhor do seu próprio corpo"[2].

De fato, a partir do momento em que o paciente tem acesso a informações claras, suficientes e precisas acerca de seu quadro, das opções e riscos dos tratamentos propostos, poderá tomar decisões conscientes sobre se submeter ou não a tais procedimentos, manifestando (ou não) o seu consentimento e fazendo valer, em última análise, sua prerrogativa de autodeterminação.

Maria Helena Diniz pontua que: *"(...) o consentimento dado pelo paciente, após receber a informação médica feita em termos compreensíveis, ou seja, de maneira adequada e eficiente, é uma condição indispensável da relação médico-paciente, por ser uma decisão que leva em consideração os objetivos, os valores, as preferências e necessidades do paciente e por ele tomada depois da avaliação dos riscos e benefícios"*[3].

João Vaz Rodrigues complementa que *"(...) o consentimento informado implica mais do que mera faculdade de o paciente escolher um médico, ou de recusar (dissentir sobre) um tratamento médico indesejado (da manifestação da liberdade como proteção contra invasões na esfera de liberdade de qualquer pessoa humana), não constitui mero requisito para libertar os médicos do espectro de negligência, nem deve servir simplesmente para persuadir o paciente a aceitar a intervenção proposta"*[4].

2 PEREIRA. André Gonçalo Dias. O Consentimento Informado na Relação Médico Paciente – Estudo de Direito Civil, Coimbra Editora, Coimbra p. 56

3 DINIZ, Maria Helena. O Estado Atual do Biodireito", Ed. Saraiva, 2ª ed., 2002, p. 580

4 RODRIGUES, João Vaz. O consentimento informado para o acto médico no ordenamento jurídico português: elementos para o estudo da manifestação da vontade do paciente. Coimbra: 2001 (p. 25).

Já descrevemos em linhas acima o movimento de reequilíbrio da relação médico-paciente no tocante aos marcos normativos relativos à autonomia e consentimento do paciente no âmbito da atividade médica, tais como o Código de Nuremberg.

Conforme observa Stanciolli, "*(...) após o advento do Código, a doutrina, de maneira geral (respeitadas, obviamente, as peculiaridades dos diversos sistemas normativos de cada Estado), passou a preocupar-se não só com a existência do consentimento como requisito para a intervenção médica, mas também com o seu escopo, o modo, o momento e a forma de se informar, bem como a extensão desse dever*"[5].

Segundo o autor, houve uma aproximação gradativa entre a autonomia e consentimento, partindo-se de um consentimento informado meramente formal e por vezes apenas burocrático, para um consentimento informado material, preocupado com o conteúdo e a qualidade das informações prestadas pelos médicos a seus pacientes.

Outrossim, de modo a corroborar o entendimento de que a informação e o consentimento são faces da mesma moeda, o Código de Ética Médica (Resolução CFM 2.217/2018), além do dever de informação (art. 34), prevê expressamente a obrigação do médico em obter o consentimento do paciente, estabelecendo em seu artigo 22 ser vedado ao profissional "*Deixar de obter consentimento do paciente ou de seu representante legal após esclarecê-lo sobre o procedimento a ser realizado, salvo em caso de risco iminente de morte*".

5 STANCIOLI, Brunello Souza. Relação jurídica médico-paciente. Ed. Del Rey: Belo Horizonte, 2004 (p. 54)

3.1. Elementos do consentimento informado

Segundo Luciana Mendes Pereira Roberto "*o consentimento informado é uma manifestação de vontade do paciente que assente com o tratamento de saúde, após ser devidamente esclarecido. Pode-se afirmar que é um ato jurídico unillateral, não gerando direitos para a outra parte (profissional de saúde). Apenas torna lícita a agressão à integridade pessoal do paciente consciente*"[6].

Acerca do consentimento como um ato jurídico, Silvio Rodrigues assinala: "*O ato jurídico é o ato lícito de vontade capaz de criar, resguardar, transferir, modificar ou extinguir relações na órbita do direito. Representa uma prerrogativa que o ordenamento jurídico confere ao indivíduo capaz de, por intermédio de sua vontade, criar relações a que o direito empresta validade, uma vez que elas se conformem com a ordem social. A vontade é livre, e essa autonomia só encontra limite na lei de ordem pública. (...) Se o consentimento, reflexo da manifestação volitiva, vem inquinado dum vício que o macula, a lei, no intuito de proteger quem o manifestou, permite-lhe promover a declaração de ineficácia de tal ato*"[7].

Cabe considerar que a obrigação da obtenção do consentimento não se confunde e muito menos exclui as demais obrigações assumidas pelo profissional de saúde inerentes ao tratamento em si.

Nas palavras de Ragazzo "*(...) a obtenção do consentimento não representa um salvo conduto para a inobservância*

---

6 ROBERTO, Luciana Mendes Pereira. Responsabilidade civil do profissional de saúde e consentimento informado. 2ª ed. Ed. Juruá. Curitiba:2012 (p. 88).

7 RODRIGUES, Silvio. Dos vícios do consentimento. 2ª Ed. Ed. Saraiva. São Paulo: 1982 (p. 10).

quanto às demais incumbências que o contrato impõe. O médico continua a ter obrigação de bem cumprir os demais deveres médicos (dever de cuidados, dever de não abusar de seu poder, dever de sigilo, entre outros). A responsabilidade advinda da inobservância desses deveres jamais poderá ser afastada pelo consentimento informado"[8].

Pois bem. Já determinamos que o consentimento é um ato jurídico consistente em manifestação de vontade do paciente anuindo à intervenção médica. Resta-nos, agora, nos debruçarmos sobre os elementos ou pressupostos, essenciais à validade do consentimento, a saber: a competência do paciente, a informação adequada e o consentimento voluntário.

3.1.1. Competência

Alguns autores se referem a este pressuposto como capacidade do paciente para consentir.

É importante dizer, no entanto, que utilize-se a expressão competência ou mesmo capacidade, a conotação que se busca é a da aptidão, de capacidade de compreensão e não, propriamente, do conceito de capacidade preconizado pela legislação civil.

Conforme observa Ragazzo *"(...) a competência é um conceito clínico, devendo ser aferido por um profissional de saúde, ao passo que a capacidade tem essência primordialmente jurídica (aptidão para praticar atos jurídicos), observando os ditames previstos na legislação. Aliás, os critérios*

8 RAGGAZZO, Carlos Emmanuel Joppert. O dever de informar dos médicos e o consentimento informado. 1ª Ed. 4ª tiragem. Curitiba: Juruá, 2009 (p. 88).

de capacidade estipulados pelo Código Civil (arts. 1º, 3º, 4º e 5º), servem como bons indicadores de competência para tomar decisões médicas, mas nem sempre correspondem à realidade. Há casos de pacientes civilmente capazes, mas incompetentes, muito embora o contrário seja raro.

Em outras palavras, a capacidade para a prática de atos juridicamente reconhecidos nos termos da legislação (capacidade negocial) não se confunde com a competência (ou capacidade) do indivíduo no sentido de tomar decisões médicas.

Luciana Roberto pondera que "*(...) considerando que os bens jurídicos tutelados no tratamento de saúde estão diretamente relacionados aos direitos de personalidade, a autodeterminação do paciente é diferente da simples capacidade negocial, principalmente quando for o caso de suprimento de capacidade (assistência e representação). (...) a capacidade para consentir ora tratada tem um âmbito muito mais amplo do que a capacidade negocial, pois compreende não apenas a capacidade do agente pertinente aos bens patrimoniais (celebrar negócios jurídicos), mas também uma capacidade intelectual, que envolve emoções e valores pessoais*"[9].

A título de exemplificação para melhor compreensão desta separação de conceitos entre a capacidade negocial para fins cíveis e a capacidade de compreensão ou simplesmente competência para assentir, tome-se o caso de menor de idade (absoluta ou relativamente incapaz à luz da legislação civil), porém considerado apto a tomar, por si só, decisões médicas dado o seu grau de maturidade, assim en-

9 ROBERTA, Luciana Mendes Pereira. Responsabilidade civil do profissional de saúde e consentimento informado. 2ª ed. Ed. Juruá. Curitiba:2012 (p. 104).

tendido como a compreensão do alcance e consequências do ato médico.

Em tal hipótese, não haveria motivo a justificar que sua vontade não fosse respeitada.

João Vaz Rodrigues observa que *"(...) se a questão se centra na averiguação da capacidade de entender e decidir com grau de maturidade suficiente, então será igualmente pertinente suscitar a questão de saber se, nestas matérias que abordamos, o legislador não deveria mandar atender à vontade de um menor de treze anos, ou de idade inferior, a quem se reconheça igualmente um discernimento relevante? A resposta deverá ser positiva. Onde exista capacidade de entendimento e de ponderação, deverá igualmente existir uma vontade atendível"*[10].

Note-se que o próprio Estatuto da Criança e do Adolescente prevê, em seu artigo 17, a garantia ao respeito da autonomia individual da criança e do adolescente:

> *"Art. 17. O direito ao respeito consiste na inviolabilidade da integridade física, psíquica e moral da criança e do adolescente, abrangendo a preservação da imagem, da identidade, **da autonomia**, dos valores, ideias e crenças, dos espaços e objetos pessoais" – destacamos.*

Hildegard Taggesell Giostri, abordando a questão do consentimento do menor de acordo com sua maturidade sustenta que *"(...) para que se separe bem uma coisa de outra – já que esta prática ainda não é comum no Brasil -, o consen-*

10 RODRIGUES, João Vaz. O consentimento informado para o acto médico no ordenamento jurídico português: elementos para o estudo da manifestação da vontade do paciente. Coimbra: 2001 (p. 204).

timento ao qual crianças e adolescentes teriam acesso e que poderia ser válido, mesmo quando emitido por menores, é o consentimento informado que se refere a tratamento e/ou cirurgia ou, ainda, a qualquer outro tipo de procedimento médico"[11].

No tocante aos indivíduos portadores de doenças mentais, Ragazzo[12] pondera que *"(...) a exemplo do que ocorre com menores, se deve garantir ao máximo a possibilidade de consentimento pelos próprios. No mesmo sentido do critério da maturidade, os doentes mentais poderão consentir sempre que tiverem discernimento suficiente para tanto".*

De fato, a Lei nº 10.2016/2001 dispõe sobre a proteção e os direitos das pessoas portadoras de transtornos mentais e redireciona o modelo assistencial em saúde mental, sendo que estabelece, em seu artigo 2º, inciso VII, o direito à informação pelos pacientes:

> *"Art. 2º Nos atendimentos em saúde mental, de qualquer natureza, a pessoa e seus familiares ou responsáveis serão formalmente cientificados dos direitos enumerados no parágrafo único deste artigo.*
> *Parágrafo único. São direitos da pessoa portadora de transtorno mental:*
> *(...)*
> *VII - receber o maior número de informações a respeito de sua doença e de seu tratamento";*

11 GIOSTRI, Hildegard Taggesell. Responsabilidade médica: as obrigações de meio e de resultado: avaliação, uso e adequação. Curitiba: Juruá, 2004. (p. 90).

12 RAGGAZZO, Carlos Emmanuel Joppert. O dever de informar dos médicos e o consentimento informado. 1ª Ed. 4ª tiragem. Curitiba: Juruá, 2009 (p. 102).

Mais recentemente, a Lei nº 13.146/15 instituiu o chamado Estatuto da Pessoa com Deficiência (tanto física quanto mental), estabelecendo expressamente a garantia de consentimento prévio a intervenções médicas, sem o qual intervenções clínicas ou cirúrgicas seriam vedadas:

> *"Art. 11. A pessoa com deficiência não poderá ser obrigada a se submeter a intervenção clínica ou cirúrgica, a tratamento ou a institucionalização forçada*
> *Parágrafo único. O consentimento da pessoa com deficiência em situação de curatela poderá ser suprido, na forma da lei".*
>
> *"Art. 12. O consentimento prévio, livre e esclarecido da pessoa com deficiência é indispensável para a realização de tratamento, procedimento, hospitalização e pesquisa científica".*

A evolução legislativa é acompanhada pela doutrina, que a seu turno, vem admitindo cada vez mais o reconhecimento de uma competência ou "capacidade moderada" dos incapazes no tocante ao assentimento à submissão a procedimentos e tratamentos médicos, levando-se em conta sua maturidade e condições de discernimento e compreensão.

Obviamente, casos haverá em que o paciente efetivamente não terá condições de manifestar seu consentimento, hipótese esta em que, excepcionalmente, tais decisões caberão a seus familiares, seus representantes legais e, em última análise, ao Judiciário, tal como assinala Miguel Kfouri Neto ao observar que "*(...) em princípio, é o doente quem deve consentir. Circunstâncias haverá, contudo, em que a família, os pais – e, ainda, no caso de menores, até mesmo o juiz – poderão substituir a pessoa do paciente, para consentir*".

O que se pode concluir do exposto até aqui é que, na era da autonomia do paciente e do respeito à dignidade da pessoa humana, o dever de informação e da consequente obtenção do consentimento em matéria médica se estende a todos os indivíduos, independentemente dos critérios ordinários de capacidade civil, abrangendo, mais do que isso, a capacidade (ou competência) em um sentido de compreensão, discernimento e maturidade para a tomada de decisões médicas.

3.1.2. Informação

Como já expusemos, a obtenção do consentimento é o corolário do processo de informação que deve nortear a relação médico-paciente desde o seu início.

O segundo pressuposto de validade do consentimento manifestado pelo paciente é o fornecimento de informação clara, adequada e suficiente para subsidiar a tomada de decisão pelo paciente.

Christoph Fabian sustenta que *"o dever de informar corresponde a necessidade de o médico obter o consentimento do paciente. O consentimento é somente eficaz quando o paciente 'souber' a que tratamento ele deu seu consentimento. O consentimento pressupõe o conhecimento. Um consentimento sem informação anterior é ineficaz, mesmo se o tratamento fosse leges artis"*[13].

A informação fornecida pelo médico deve se preocupar tanto com a forma quanto com o conteúdo e a qualidade da

13 FABIAN, Christoph. O dever de informar no direito civil. São Paulo: Revista dos Tribunais, 2002 (p. 134).

informação prestada, a qual deve se ocupar dos aspectos relevantes do procedimento ou tratamento proposto, e se dar sempre em termos compreensíveis pelo paciente.

3.1.2.1. Forma do fornecimento da informação e manifestação do consentimento

Stancioli manifesta sua preocupação com uma "*comunicação real para propiciar, o mais possível, o entendimento, pelo paciente, da doença e possíveis tratamentos*"[14].

O autor defende que, ainda que a redução a termo do consentimento por meio de um documento seja importante, inclusive para efeitos de prova, a informação deve ser fornecida, preferencialmente de forma oral, pois em seu entender, a oralidade da comunicação, em regra, facilita o entendimento do paciente.

Neste ponto é pertinente considerar que, em verdade, não há dispositivo normativo ou legal que obrigue o profissional de saúde a documentar por escrito o consentimento do paciente (senão no prontuário), o qual, na enorme maioria das vezes é obtido de forma meramente verbal.

Conforme pondera Ragazzo "*(...) a regra geral é a de que o consentimento não possui forma específica, não precisando ser escrito, salvo nos casos em que a lei estipula expressamente esta necessidade. Essa matéria é frequentemente discutida em Conselhos Regionais de Medicina, cujos pareceres sempre ressaltam se o consentimento por escrito dispensável e facultativo, salvo em determinados casos como, por exemplo, nas*

14 STANCIOLI, Brunello Souza. Relação jurídica médico-paciente. Ed. Del Rey: Belo Horizonte, 2004 (p. 65).

pesquisas médicas, nas cirurgias mutiladoras e quando há transporte inter-hospitalar"[15].

Assim, embora a obtenção do consentimento seja obrigação ética do profissional médico, a sua redução a termo (por escrito), não é por si só obrigatória, ainda que recomendável.

Neste sentido, destaca-se o teor do Parecer CFM 22/04[16], onde se pontuou que:

> *"Quanto ao consentimento informado por escrito, ressalvadas algumas exceções, pouco significado ele tem no campo do ato médico, pois em consentimento não protege nem isenta médicos ou pacientes de resultados desfavoráveis que venham a ocorrer, pois se a parte a quem foi destinado o tratamento sentir-se prejudicada, com ou sem razão, pode atribuir o insucesso à conduta faltosa do médico, que há de responder por ela. O consentimento por escrito deve ser obtido no âmbito da pesquisa, na extirpação de membros, em cirurgias mutiladoras e em outras situações que devem ser avaliadas pelo médico. (...) Não encontramos fundamento para que o trabalho médico que obedece aos princípios técnicos, honestos e éticos da medicina consagrada em espaço-tempo determinado precise de autorização escrita para ser realizada».*

De outra banda, há situações previstas em lei em que o consentimento deve, obrigatoriamente adotar a forma escri-

15 RAGAZZO, Carlos Emmanuel Joppert. O dever de informar dos médicos e o consentimento informado. 1ª Edição. Curitiba: Juruá (2006). (p. 125).

16 Disponível em: http://sobed.pre-ec0643dde3.undercloud.net/wp-content/uploads/2014/04/CFM-parecer-22-2004.pdf acessado em 14.02.2018

ta. Nesse sentido, Ana Cláudia Pirajá Bandeira lembra que *"(...) assim ocorre com a Lei de Transplante de órgãos, na qual o consentimento do receptor deve ser expresso e efetivado após o aconselhamento sobre a excepcionalidade e os riscos do procedimento (art. 10). O doador, por sua vez, deverá das seu consentimento, preferencialmente, por escrito e diante de duas testemunhas (art. 9º, §4º). Nesse caso, o consentimento expresso é essencial à sua validade"*[17].

Pode-se dizer, portanto, que em última análise prevalece no tocante à obtenção do consentimento a liberdade formal assegurada pelo artigo 107 do Código Civil, segundo o qual *"a validade da declaração de vontade não dependerá de forma especial, senão quando a lei expressamente a exigir"*.

De toda maneira, em tempos de crescente judicialização da medicina, inclusive no que tange aos questionamentos quanto à inobservância das obrigações dos profissionais de saúde, o Conselho Federal de Medicina (CFM) houve por bem editar a Recomendação CFM nº 01/2016[18], onde *"dispõe sobre o processo de obtenção de consentimento livre e esclarecido na assistência médica"*.

Embora seja apenas uma recomendação, portanto sem força normativa, a diretriz orienta a elaboração de um termo por escrito registrando o consentimento, o chamado Termo de Consentimento Livre e Esclarecido.

Ainda assim, fica a ressalva de que se deve sempre evitar o consentimento informado meramente formal, caracterizado por formulários e fichas padrão, priorizando-se o

---

17 BANDEIRA, Ana Cláudia Pirajá. Consentimento no transplante de órgãos. Curitiba: Juruá, 2001. (p. 133)

18 Disponível em: https://portal.cfm.org.br/images/Recomendacoes/1_2016.pdf acessado em 14.02.2018

consentimento informado material, embasado no processo de diálogo entre médico e paciente e preocupado com a qualidade das informações prestadas ao doente, sob pena de prejudicar sua própria validade.

Nesse sentido, Fernandes e Pithan[19] alertam que "*(...) o termo só deve ser redigido após o processo de informação, pois caso contrário poderá constituir prática defensiva do médico ou hospital prestador de serviço, desviando do objetivo real do procedimento. Por essa razão o Termo do Consentimento Informado segue regras específicas para a sua formulação, como por exemplo, linguagem acessível, sem termos técnicos que dificultem a compreensão do paciente.*

3.1.2.2. Conteúdo da informação

Independentemente da forma adotada para a obtenção do consentimento (verbal ou documental, sendo que esta última representa maior segurança jurídica), tão ou mais importante é o conteúdo da informação transmitida ao paciente.

Isto porque, é com base no conteúdo da informação e na efetiva assimilação por parte do paciente que este poderá manifestar sua anuência válida ao tratamento ou recusa ao mesmo.

Em termos normativos quanto ao conteúdo da informação a ser prestada, a Recomendação CFM nº 01/2016 (que mencionamos acima e trata do processo de obtenção do con-

19 FERNANDES, Carolina Fernández; PITHAN, Lívia Haygert. O consentimento informado na assistência médica e o contrato de adesão: uma perspectiva jurídica e bioética. In: Revista Hospital das Clínicas de Porto Alegre. Vol. 27. N.2. 2007. pp. 78-82.

sentimento informado), indica os elementos que devem ser abordados na obtenção do consentimento do paciente tais como: a) justificativa, objetivos e descrição sucinta, clara e objetiva, em linguagem acessível, do procedimento recomendado ao paciente; b) duração e descrição dos possíveis desconfortos no curso do procedimento; c) benefícios esperados, riscos, métodos alternativos e eventuais consequências da não realização do procedimento; d) cuidados que o paciente deve adotar após o procedimento; e) declaração do paciente de que está devidamente informado e esclarecido acerca do procedimento, com sua assinatura; f) declaração de que o paciente é livre para não consentir com o procedimento, sem qualquer penalização ou sem prejuízo a seu cuidado; g) declaração do médico de que explicou, de forma clara, todo o procedimento; h) nome completo do paciente e do médico, assim como, quando couber, de membros de sua equipe, seu endereço e contato telefônico, para que possa ser facilmente localizado pelo paciente; i) assinatura ou identificação por impressão datiloscópica do paciente ou de seu representante legal e assinatura do médico; j) Duas vias, ficando uma com o paciente e outra arquivada no prontuário médico.

A referida recomendação do Conselho Federal de Medicina se mostra alinhada com os elementos que a doutrina, e mesmo a jurisprudência, já vinham considerando como essenciais em termos de conteúdo da informação necessária à obtenção do consentimento do paciente.

André Gonçalo Dias Pereira indica pontos que devem ser observados pelos médicos, tais como "*o diagnóstico; os meios e os fins do tratamento; os efeitos secundários; o prognóstico; as alternativas terapêuticas com os seus efeitos secundários, riscos e benefícios respectivos; os riscos e benefícios do tratamento; a urgência da intervenção e o risco da demora do tratamento; os riscos e as consequências da recusa do tratamento, a duração aproximada do tratamento e as condições materiais que lhe estão associadas; a possibilidade de levar a cabo o tratamento num centro de saúde mais adequado; a competência ou falta de competência do médico e o custo do tratamento; o dever de comunicar novos riscos identificados posteriormente à execução de exames de diagnóstico, tratamentos ou acções de prevenção e o eventual dever de comunicar os erros médicos praticados"*[20].

Stancioli[21], a seu turno, indica que a informação deve se pautar em, ao menos, quatro elementos, abordando a) o diagnóstico e decurso possível da doença, devendo o médico indicar a natureza da doença do paciente, além dos prognósticos e possíveis incertezas do decurso da enfermidade, bem como os possíveis benefícios e/ou malefícios do não tratamento; b) a terapêutica a ser utilizada e seus escopos, mediante indicação de forma clara e detalhada acerca dos objetivos do tratamento bem como sua duração e circunstâncias da terapêutica proposta; c) riscos e possíveis complicações do tratamento, tais como efeitos colaterais, dor, tratamentos subsequentes necessários e, por fim, d) alternativas terapêuticas, mediante a indicação da disponibilidade ou não de outros métodos de tratamento.

Neste diapasão, surgem questões como a amplitude da informação a ser prestada pelo médico.

20 PEREIRA. André Gonçalo Dias. O Consentimento Informado na Relação Médico Paciente. Coimbra Editora Coimbra, 2004. (p. 371)

21 STANCIOLI, Brunello Souza. Relação jurídica médico-paciente. Ed. Del Rey: Belo Horizonte, 2004 (p. 64)

A medicina é uma atividade que, por si só, implica em risco e, dado o potencial de lesão à integridade do paciente que qualquer intervenção médica traz consigo, a explicitação e ponderação acerca destes riscos é essencial para que se possa falar em consentimento por parte do paciente.

Por outro lado, é legítimo questionar se estaria o médico obrigado a abordar detalhadamente todas as formas de tratamento ou ainda discorrer sobre absolutamente todos os riscos possíveis abrangendo determinada intervenção.

Como preleciona Ragazzo[22]: *"(...) o excesso de informação igualmente configura defeito, pois prejudica a capacidade de o consumidor compreender a mensagem cognitiva transmitida pelo fornecedor, ainda que todos os dados pertinentes lhe tenham sido fornecidos"*, devendo ser encontrado ponto de equilíbrio na informação prestada de modo que o volume não lhe retire a clareza.

Luciana Roberto observa que "(...) *o objetivo da informação e do esclarecimento ao paciente é lhe proporcionar a opção entre consentir ou não consentir no tratamento de saúde, de acordo com sua condição econômica (valor do tratamento), princípios religiosos (se o tratamento necessita de transfusão de sangue, por exemplo), situação profissional (afastamento do trabalho), urgência dos procedimentos (diante do prognóstico de gravidade), efeitos colaterais (cicatrizes, imobilização, medicamentos), alternativas (tratamento cirúrgico, ambulatorial, fisioterápico), riscos e vantagens etc*"[23].

---

22 RAGAZZO. Carlos Emmanuel Joppert. O dever de informar dos médicos e o consentimento informado. 1ª Ed. Editora Juruá. Curitiba, 2006 (p. 67).

23 ROBERTO, Luciana Mendes Pereira. Responsabilidade civil do profissional de saúde e consentimento informado. 2ª ed. Ed. Juruá. Curitiba:2012 (p. 117).

Pode-se dizer, portanto, que a informação como pressuposto do consentimento válido é aquela considerada clara, adequada e suficiente para que o paciente, consideradas suas particularidades, grau de instrução, nível econômico etc, tome decisão consciente acerca do tratamento ao qual deseja ou não se submeter avalizando a questão do custo-benefício envolvido.

3.1.3. *Consentimento livre (voluntariedade)*

Este pressuposto de validade do consentimento se baseia na noção de que a anuência do paciente seja obtida de forma absolutamente voluntária, livre qualquer tipo de coação, indução ou manipulação.

Como preleciona Orlando Gomes "*a declaração de vontade da pessoa é pressuposto de todo negócio jurídico. Nos contratos, toma o nome de consentimento ou consenso consciente. Para valer, preciso é que não seja obtido por dolo, erro ou coação*[24]"

Francisco Amaral salienta que "*(...) para o Direito, a vontade tem especial importância porque é um dos elementos fundamentais do ato jurídico. Manifestando-se de acordo com os preceitos legais, a vontade produz determinados efeitos, criando, modificando ou extinguindo relações jurídicas*"[25].

No âmbito da relação médico-paciente, e na medida em que o consentimento representa a materialização do autode-

24 GOMES, Orlando. Introdução ao direito civil. Revista, atualizada e aumentada, de acordo com o Código Civil de 2002, por Edvaldo Brito e Reginalda Paranhos de Brito. Rio de Janeiro: Editora Forense, 2008

25 AMARAL, Francisco. Tratado teórico e prático dos contratos. São Paulo: Saraiva, 1999. v. 1

terminação e liberdade pessoal do paciente, sua manifestação de vontade deve estar isenta de vícios.

André Gonçalo Dias Pereira pondera, inclusive, que quanto ao "*momento em que a informação deve ser prestada, esta deve ser efetuada com antecedência por forma a não colocar o paciente numa situação de pressão para decidir*"[26], o que poderia comprometer sua objetividade e o próprio aspecto voluntário do assentimento.

É o consentimento voluntário do paciente que legitimará a intervenção do médico em sua esfera de direitos, em particular, no tocante à sua integridade física.

É importante destacar ainda que o consentimento voluntário afasta a possibilidade de uso de formulários ou ficha padrão, que constituem em última análise verdadeiro termo de adesão.

O Código de Defesa do Consumidor define em seu artigo 54 o contrato de adesão como aquele em que as cláusulas são "(...) *estabelecidas unilateralmente pelo fornecedor de produtos ou serviços, sem que o consumidor possa discutir ou modificar substancialmente seu conteúdo*".

No caso da relação médico paciente, os termos de adesão são de validade questionável pois comprometem, em última análise, a própria voluntariedade do paciente, que se vê impossibilitado de manifestar seu consentimento lastreado em informações particularizadas de acordo com seu caso.

Por fim, cabe salientar que o consentimento pode ser revogado pelo paciente a qualquer tempo.

---

26 PEREIRA. André Gonçalo Dias. O Consentimento Informado na Relação Médico Paciente – Estudo de Direito Civil, Coimbra Editora, Coimbra (p. 457)

Neste sentido, Pierangeli argumenta que "*(...) no decurso do tratamento, (o paciente) revoga o consentimento anteriormente prestado, quando, então, é de se aplicar os princípios que norteiam a revogação do consentimento. A revogação obriga o médico a abster-se do tratamento*"[27].

27 PIERANGELI, José Henrique. O consentimento do ofendido na teoria do delito. 2ª ed. São Paulo: Revista dos Tribunais, 1995 (p. 203).

4

BREVES CONSIDERAÇÕES ACERCA DA RESPONSABILIDADE CIVIL

Ao longo das últimas linhas, evidenciamos que o dever de informação é obrigação de natureza ética e legal por parte do médico, de modo que seu descumprimento pode ensejar responsabilização do profissional pelos prejuízos que o paciente venha a experimentar.

Para que possamos adentrar, especificamente, na questão da responsabilidade civil do profissional de saúde decorrente da falha no dever de informação é conveniente, antes, tecer algumas considerações acerca da responsabilidade civil de uma maneira geral.

4.1. Os pressupostos e fundamentos da responsabilidade civil

Como bem aponta a Profª. Dra. Regina Beatriz Tavares da Silva *"(...) a identificação exata do significado de pressupostos e de fundamentos leva à organização das ideias e à clareza do raciocínio lógico na apreciação do caso concreto. Note-se que não se trata de firula terminológica a distinção entre pressupostos e fundamentos, mas de utilização de instrumental técnico-jurídico indispensável na responsabilidade civil"* [1].

---

1 TAVARES DA SILVA, Regina Beatriz (Coord.) Responsabilidade civil na área da saúde. 2ª ed. São Paulo: Saraiva, 2009.

No que tange à responsabilidade civil, seus pressupostos são, essencialmente, a conduta, o dano e o nexo causal entre a ação e o dano.

Sem a presença de qualquer destes elementos, estará afastada a responsabilidade civil.

4.1.1. A conduta

A conduta se caracteriza por uma ação ou omissão do agente. Em termos de responsabilidade civil, o agente deve, hodiernamente, responder quando esta conduta se constitui num ato ilícito, ou seja, que afronta o ordenamento jurídico.

Mais do que um ato de vontade, no campo da responsabilidade deve revestir-se de ilicitude. O ato ilícito traduz-se em um comportamento voluntário que transgride um dever.

Para Rui Stoco, dentro da noção clássica da responsabilidade civil, *"(...) o elemento primário de todo ilícito é uma conduta humana e voluntária*[2]*"*.

Pela teoria clássica da responsabilidade civil subjetiva, que como veremos mais adiante, é calcada na culpa do causador do dano, a conduta pode ser, essencialmente, caracterizada como imprudente, negligente e imperita.

Venosa preleciona que *"(...) na negligência, o agente não age com a atenção devida em determinada conduta; há um desajuste psíquico traduzido no procedimento antijurídico, ou uma omissão de certa atividade que teria evitado o resultado danoso. Na imprudência o agente é intrépido, açodado, precipitado, e age sem prever as consequências nefastas ou preju-*

2 STOCO, Rui. Tratado de responsabilidade Civil: doutrina e jurisprudência. 7ª ed. São Paulo: Revista dos Tribunais, 2007.

diciais. (...) É imperito aquele que demonstra inabilidade para seu ofício, profissão ou atividade"[3].

Genival Veloso de França segue no mesmo sentido apontando que *"(...) a negligência caracteriza-se pela inação, indolência, inércia, passividade. É a falta de observância aos deveres que as circunstâncias exigem. (...) Imprudente é o médico que age sem a cautela necessária. É aquele cujo ato ou condita são caracterizados pela intempestividade, precipitação, insensatez ou inconsideração*[4].

4.1.2. O dano

O segundo pressuposto da responsabilidade civil é a verificação de dano concreto.

Dano é toda lesão a um bem juridicamente protegido, causando prejuízo de ordem patrimonial ou extrapatrimonial.

Conforme o ensinamento de Sergio Cavalieri[5] *"(...) o ato ilícito nunca será aquilo que os penalistas chamam de crime de mera conduta; será sempre um delito material, com resultado de dano. Sem dano pode haver responsabilidade penal, mas não há responsabilidade civil. Indenização sem dano importaria enriquecimento ilícito; enriquecimento sem causa para quem a recebesse e pena para quem a pagasse, porquanto o objetivo da indenização, sabemos todos, é reparar o prejuízo sofrido pela vítima, reintegrá-la ao estado em que se encon-*

3 VENOSA, Silvio de Salvo. Direito Civil: Responsabilidade Civil. 5ª ed. São Paulo. Ed. Atlas. (coleção Direito Civil, v. 4), p. 36.

4 FRANÇA, Genival Veloso de. Direito médico. 13ª Ed. rev. atual. e ampl. Rio de Janeiro: Forense, 2016. (p. 268).

5 CAVALIERI FILHO, Sérgio. Programa de responsabilidade civil. 9ª ed. rev. e ampl. São Paulo: Atlas, 2010

trava antes da prática do ato ilícito. E, se a vítima não sofreu nenhum prejuízo, a toda evidência, não haverá o que ressarcir. Daí a afirmação, comum a praticamente todos os autores, de que o dano é não somente o fato constitutivo mas, também, determinante do dever de indenizar".

Complementando tal raciocínio, Rui Stoco[6] preleciona: *"(...) o dano é, pois, elemento essencial e indispensável à responsabilização do agente, seja essa obrigação originada de ato ilícito ou de inadimplemento contratual, independente, ainda, de se tratar de responsabilidade objetiva ou subjetiva".*

Em outras palavras: sem que tenha ocorrido dano a alguém, não há que se cogitar em responsabilidade civil.

4.1.3. O nexo causal

Conforme preleciona o Prof. Silvio de Salvo Venosa, o nexo causal *"(...) é o liame que une a conduta do agente ao dano. É por meio do exame da relação causal que concluímos quem foi o causador do dano. Trata-se de elemento indispensável. Se a vítima, que experimentou um dano, não identificar o nexo causal que leva o ato danoso ao responsável, não há como ser ressarcida"*[7].

A grande questão que deve ser enfrentada para verificação da existência ou não do pressuposto do nexo causal é a identificação do fato que constitui a verdadeira causa do dano.

---

6 STOCO, Rui. Tratado de responsabilidade civil: doutrina e jurisprudência. 7ª ed.. São Paulo Editora Revista dos Tribunais, 2007.

7 VENOSA, Silvio de Salvo. Direito Civil: Responsabilidade Civil. 5ª ed. São Paulo. Ed. Atlas. (coleção Direito Civil, v. 4), p. 53.

No trato desta questão, o Código Penal, por exemplo, adota como regra a chamada teoria da equivalência das condições, segundo a qual *"o resultado, de que dependa a existência do crime, somente é imputável a quem lhe deu causa. Considera-se causa a ação ou omissão sem a qual o resultado não teria ocorrido"* (art. 13, CP).

De outro lado, também a teoria da causalidade adequada encontra lugar no ordenamento jurídico. Em tais hipóteses, se busca determinar a causa predominante que deflagrou o dano. Neste caso, causa será apenas o antecedente necessário que ocasionou o dano.

Independentemente da teoria que se adote, o que importa, conforme pondera Caio Mário da Silva Pereira é *"(...) estabelecer, em face do direito positivo, que houve uma violação de direito alheio e um dano, e que existe um nexo causal, ainda que presumido, entre uma e outro. Ao juiz, cumpre decidir, com base nas provas que ao demandante incumbe preduzir"*[8].

4.2. Os fundamentos da responsabilidade civil

O fundamento da responsabilidade civil orbita em torno essencialmente de duas teorias, a da responsabilidade subjetiva (lastreada na culpa, aqui entendida em sentido *lato sensu*, abrangendo o dolo, a imprudência e a negligência) e a da responsabilidade objetiva (lastreada no risco).

Durante séculos, a teoria clássica da responsabilidade subjetiva foi suficiente para garantir a reparação do dano

8 PEREIRA, Caio Mario da Silva. Responsabilidade Civil. 9ª ed. Rio de Janeiro. Forense, 1999.

em face daquele que o causasse de forma culposa (em sentido lato).

Carlos Alberto Gonçalves preleciona que *"(...) se a atuação desastrosa do agente é deliberadamente procurada, voluntariamente alcançada, diz-se que houve culpa lato sensu (dolo). Se, entretanto, o prejuízo da vítima é decorrência de comportamento negligente e imprudente do autor do dano, diz-se que houve culpa stricto sensu (...) em qualquer de suas modalidades (...) a culpa implica a violação de um dever de diligência, ou (...) a violação do dever de previsão de certos fatos ilícitos e de adoção de medidas capazes de evitá-los"*[9].

No tocante ao dolo, o agente age deliberadamente para causar um resultado danoso. Já a culpa, na definição de José Aguiar Dias, consiste na *"(...) falta de diligência na observância da norma de conduta, isto é, o desprezo, por parete do agente, do esforço necessário para observá-la, com resultado não objetivado, mas previsível, desde que o agente se detivesse na consideração das consequências eventuais de sua atitude*[10]*"*.

Conforme observa Silvio de Salvo Venosa *"(...) há uma longa distância no ato pelo qual o agente procura intencionalmente o resultado (dolo) e naquele que se dá por negligência, imprudência ou imperícia (culpa). Em sede de indenização, porém, as consequências são idênticas*[11]*"*, vale dizer que, tanto em uma situação como em outra, haverá o dever de indenizar.

9 GONÇALVES, Carlos Roberto. Comentários ao código civil: parte especial: do direito das obrigações. São Paulo: Saraiva, 2003. v. 11 (p. 264).

10 DIAS, José de Aguiar. Da responsabilidade civil. 6ª Edição. Rio de Janeiro: Forense, 1979, 2v.

11 VENOSA, Silvio de Salvo. Direito civil: responsabilidade civil. 5ª Edição. São Paulo: Atlas, 2005 (p. 33).

No entanto, embora a teoria da responsabilidade subjetiva tenha prevalecido ao longo do tempo, aos poucos vem se estabelecendo de forma mais abrangente a teoria da responsabilidade objetiva.

Conforme observa Stoco *"(...) a necessidade de maior proteção à vitima fez nascer a culpa presumida, de sorte a inverter o ônus da prova e solucionar a grande dificuldade daquele que sofreu um dano demonstrar a culpa do responsável pela ação ou omissão. (...) O próximo passo foi desconsiderar a culpa como elemento indispensável, nos casos expressos em lei, surgindo a responsabilidade objetiva, quando então não se indaga se o ato é culpável"*[12]

Cavalieri elucida que, de acordo com a teoria da responsabilidade objetiva *"(...) todo prejuízo deve ser atribuído ao seu autor e reparado por quem o causou independente de ter ou não agido com culpa. Resolve-se o problema na relação de nexo de causalidade, dispensável qualquer juízo de valor sobre a culpa"*[13]

A legislação brasileira vem acompanhando esta evolução doutrinária.

O Código Civil de 2002 mantém a regra geral da responsabilidade subjetiva, baseada na culpa em sentido *lato sensu*, conforme estabelece o art. 186, combinado com o art. 927, ambos do CC.

> *"Art. 186. Aquele que, por ação ou omissão voluntária, negligência ou imprudência, violar direito e causar dano*

12 STOCO, Rui. Tratado de responsabilidade civil: doutrina e jurisprudência. 7ª ed.. São Paulo Editora Revista dos Tribunais, 2007 (p. 157).

13 CAVALIERI FILHO, Sérgio. Programa de responsabilidade civil. 9ª ed. rev. e ampl. São Paulo: Atlas, 2010.

> *a outrem, ainda que exclusivamente moral, comete ato ilícito".*
>
> *"Art. 927. Aquele que, por ato ilícito (arts. 186 e 187), causar dano a outrem, fica obrigado a repará-lo".*

Por outro lado, note-se que p. único do artigo 927 do Código Civil inseriu previsão alinhada à aplicabilidade da responsabilidade objetiva:

> *"Art. 927, CC: (...)*
> *Parágrafo único. Haverá obrigação de reparar o dano, independentemente de culpa, nos casos especificados em lei, ou quando a atividade normalmente desenvolvida pelo autor do dano implicar, por sua natureza, risco para os direitos de outrem. Haverá obrigação de reparar o dano, independentemente de culpa, nos casos especificados em lei, ou quando a atividade normalmente desenvolvida pelo autor do dano implicar, por sua natureza, risco para os direitos de outrem.*

Também o Código de Defesa do Consumidor, alinhado com a tendência de abraçar a responsabilidade à luz da teoria do risco, estabelece em seu artigo 14:

> *"Art. 14, CDC: O fornecedor de serviços responde, independentemente da existência de culpa, pela reparação dos danos causados aos consumidores por defeitos relativos à prestação dos serviços, bem como por informações insuficientes ou inadequadas sobre sua fruição e riscos" – destacamos.*

Do exposto decorre que dois podem ser os fundamentos da responsabilidade civil: a culpa o risco. Em ambos, haverá o dever de indenizar, sendo a principal diferença entre um e outro, a necessidade ou não de se apurar a natureza da conduta do agente (lícita ou ilícita, culposa ou não).

4.3. A responsabilidade civil do profissional de saúde

No que toca aos profissionais médicos, estes estarão sempre sujeitos ao regime da responsabilidade civil subjetiva, tanto pela ótica do Código Civil, quando pela do Código de Defesa do Consumidor.

Em verdade, não se aplica ao médico a segunda parte do parágrafo único do artigo 927, do Código Civil, segundo o qual já expusemos, existe responsabilidade objetiva quando a atividade normalmente desenvolvida pelo agente implicar, por sua natureza, riscos aos direitos alheios.

Muito embora exista risco na atividade médica - de não obter a cura do paciente ou de não ser eliminado o mal que o assola –, tal risco não advém da atividade do profissional em si, mas, sim, do problema de saúde do paciente, ou seja, lhe é inerente.

Tampouco à luz do Código de Defesa do Consumidor (o qual já vimos que abrange a atuação do médico), se justifica a aplicação da responsabilidade objetiva.

Ao contrário, o CDC dispõe expressamente em seu art. 14, §4º, que "*(...) a responsabilidade pessoal dos profissionais liberais será apurada mediante a verificação de culpa*".

Normalmente, quando se fala no exercício da atividade médica, se faz uma distinção entre a obrigação de meio e a obrigação de resultado.

Segundo Veloso, "(...) *na primeira, existe o compromisso da utilização de todos os recursos disponíveis para se ter um resultado, sem, no entanto, a obrigação de alcançar esse êxito tão legítimo.(...) Na obrigação de resultado a prestação do serviço tem um fim definido. Se não houver o resultado esperado, há inadimplência e o devedor assume o ônus por não satisfazer a obrigação de que prometeu*"[14].

Em regra, a atividade médica é entendida como uma obrigação de meio. Miguel Kfouri pondera que "*(...) o médico não pode obrigar-se, no desempenho de sua atividade profissional, a obter resultado determinado acerca da cura do doente e assumir o compromisso de reabilitar sua saúde. Consequentemente (...) o médico especialista vincula-se a uma obrigação de meios – e sua responsabilidade se circunscreve à prestação do ato médico com a devida diligência, vale dizer, observada a lex artis, no estado de desenvolvimento em que se encontra a ciência médica naquele momento*"[15].

Por outro lado, há especialidades como a cirurgia plástica de finalidade meramente estética, em que parte predominante da doutrina e da jurisprudência entendem se tratar de obrigação de resultado, de tal sorte que, em não sendo alcançado o resultado final almejado, se estaria diante da inexecução do contrato pelo médico e haveria responsabilidade do profissional.

Eduardo Dantas e Marcos Coltri[16], consideram indevida tal premissa. Segundo os autores, a Organização Mundial da

14 FRANÇA, Genival Veloso. Direito Médico. 13ª Edição revista, atualizada e ampliada. Ed. Forense. Rio de Janeiro (pp. 279-280)

15 KFOURI NETO, Miguel. *Responsabilidade civil do médico.* 8ª ed. rev., atual. e amp. São Paulo: Revista dos Tribunais, 2013 (p. 190).

16 DANTAS, Eduardo; COLTRI, Marcos. *Comentários ao Código de Ética Médica.* 2ª ed. Rio de Janeiro: GZ ed., 2010. (p. 248).

Saúde define saúde como "*um estado de completo bem estar físico e psicológico*". Assim, uma cirurgia plástica, ainda que de finalidade estética, tem por objetivo corrigir uma insatisfação pessoal na aparência física do paciente, de tal sorte que o abalo moral decorrente de sua autoestima fragilizada pode, sim, ser considerada uma doença, o que não justificaria que a obrigação do médico seja considerada de resultado. Destacam os autores, ainda, que a cirurgia ainda que de finalidade estética, está sujeita aos mesmos riscos inerentes a qualquer outro procedimento de natureza cirúrgica, havendo questões intrínsecas e individuais ao organismo do paciente, o que não justifica a exigência de um resultado específico.

Inobstante a discussão acerca da natureza da obrigação do médico (se de meio ou de resultado), o fato é que a apuração de sua responsabilidade sempre deverá se dar sob a ótica da responsabilidade subjetiva.

Tanto em uma situação como em outra, se verificará se o profissional utilizou toda a diligência exigível ou se agiu com imprudência, negligência ou imperícia. A única consequência prática em se tratar de obrigação de meio ou de resultado, será a extensão do espectro da responsabilidade do médico, onde, nesta última, sua falha será presumida, cabendo-lhe demonstrar a inexistência da mesma.

Nehemias Domingos de Melo pondera que *(...) há toda uma lógica para que seja dado tratamento jurídico diferenciado aos profissionais liberais. Não se pode exigir cumprimento do contrato médico ou advocatício, para mencionar dois exemplos, como se fosse um contrato de empreitada, de depósito, de transporte ou outro qualquer. Na atividade médica ou advocatícia, o resultado final almejado não depende apenas da capacidade, conhecimentos e empenho do profissional, porque fatores externos e aleatórios interferem na concretização do contratado*[17].

Assim, dada a aplicabilidade do Código de Defesa do Consumidor à atividade do médico enquanto profissional liberal, sua responsabilidade será subjetiva (nos termos da legislação civil e conforme o artigo 14, §4º do Código Consumerista), porém com eventual inversão do ônus da prova em favor do paciente.

Neste sentido, esclarece Veloso que *"(...) qualquer que seja a forma de obrigação – de meio ou de resultado -, diante do dano, o que se vai apurar é a responsabilidade, levando em conta principalmente o grau de culpa, o nexo de causalidade e a dimensão do dano (...). No ato médico, a discutida questão entre a culpa contratual e a culpa aquiliana, e, e, consequência, a existência de uma obrigação de meio ou uma obrigação de resultado, parece-nos apenas um detalhe. na prática, o que vai prevalecer mesmo é a relação causal entre a culpa e o dano, pois até mesmo a exigência do* onus probandi *hoje já tem remédio para a inversão da prova, qualquer que seja a modalidade de contrato"*[18].

17 MELO, Nehemias Domingos de. Responsabilidade civil por erro médico: doutrina e jurisprudência. 3ª Ed. São Paulo: Atlas, 2014 (p. 113).

18 FRANÇA, Genival Veloso. Direito Médico. 13ª Edição revista, atualizada e ampliada. Ed. Forense. Rio de Janeiro (p. 281).

5

A RESPONSABILIDADE CIVIL DO MÉDICO PELA FALHA NO DEVER DE INFORMAÇÃO

Estabelecidas brevemente as bases de alguns conceitos relacionados à responsabilidade civil, podemos adentrar, especificamente, no aspecto da falha no dever de informação pelo médico e em que medida isto impacta na responsabilidade do profissional médico.

A construção da teoria do consentimento informado e da responsabilidade civil resultante do descumprimento deste dever não se desenvolveu de forma rápida.

Conforme pudemos demonstrar ao longo deste trabalho, o reconhecimento do dever de informação e de obtenção do consentimento como condicionantes à realização de intervenções médicas foi resultado de uma lenta mudança de paradigmas, impulsionada pelos mais variados episódios históricos, o mais dramático deles, sem dúvidas, as experimentações científicas não consentidas perpetradas no decorrer da Segunda Grande Guerra.

A partir daí, do desenvolvimento acentuado dos direitos humanos e, principalmente, do princípio da dignidade da pessoa humana, houve impacto nas relações em todas as esferas, inclusive no âmbito da relação médico-paciente.

É interessante notar que mesmo muito anteriormente à existência de marcos normativos como o Código de Nuremberg, há registro de decisões judiciais que reconheceram a responsabilidade dos médicos por falhas no dever de orientação e conscientização de seus pacientes anteriormente à realização de atos médicos.

Miguel Kfouri Neto resgata a primeira referência histórica do consentimento informado datada de 1767 ao narrar caso ocorrido na Inglaterra:

> *"Um paciente, Sr. Slater, procurou o Dr. Blaker, que atuava junto com o Dr. Stapleton, para dar continuidade ao tratamento de uma fratura óssea em sua perna. Os dois médicos, sem consultar o paciente, ao retirarem a bandagem, desuniram o calo ósseo, propositadamente, com o objetivo de utilizar um aparelho, de uso não convencional, para provocar a tração durante o processo de consolidação. O paciente foi à Justiça acusando os médicos de terem provocado por 'ignorância e imperícia' nova fratura, causando danos desnecessários, além de não terem informado ao consultado sobre o procedimento que seria realizado. Com o objetivo de esclarecer os detalhes do caso, foram utilizadas testemunhas peritas, ou seja, outros médicos reconhecidamente competentes nesta área para darem sua opinião sobre o ocorrido. Os dois médicos que testemunharam como peritos foram unânimes em afirmar que o equipamento utilizado não era de uso correntes, que somente seria necessário refraturar uma lesão óssea no caso de estar sendo muito mal consolidada e, finalmente, que eles somente realizariam uma nova fratura em um paciente que estivesse em tratamento com seu consentimento. O paciente alegou, inclusive, que teria protestado quando o procedimento foi realizado, solicitando que o mesmo não fosse levado adiante.* ***A Corte condenou os médicos por quebra no contrato na relação assistencial com o paciente. (...) Na senten-***

> ***ça ficou claro que o juiz estava preocupado tanto com a falta de consentimento quanto com a falta de informação.*** *Vale lembrar que, naquela época, era prática dos cirurgiões informarem o paciente sobre os procedimentos que seriam realizados devido à necessidade de sua colaboração durante as cirurgias, pois ainda não havia anestesia"*[1] *- destacamos.*

Outrossim, foi em 1957, nos Estados Unidos da América, por ocasião do julgamento do caso *Salgo versus Leland Stanford Jr. University Board of Trustees, em que foi utilizada pela primeira vez o termo «consentimento informado" no âmbito de um processo judicial.*

Acerca do caso, descreve Joaquim Clotet que *"(...) o paciente Martin Salgo, de 55 anos, tinha arteriosclerose e submeteu-se a uma aortografia diagnóstica. O procedimento foi feito sob anestesia e com o uso de contrastes. Na manhã seguinte o paciente descobriu que tinha seus membros inferiores paralisados. A Corte ressaltou que* ***o médico viola o direito do paciente quando não informa qualquer fato necessário a permitir um consentimento racional por parte do paciente.*** *A Corte afirmou que o médico deve relatar plenamente os fatos necessários a um consentimento informado"*[2] - destacamos.

Ademais, conforme já mencionado no Capítulo 1 do presente estudo, houve diversos marcos normativos dos quais destacam-se, o Código de Nuremberg (1948), o

1 KFOURI NETO, Miguel. Culpa médica e o ônus da prova. Ed. RT, São Paulo: 2002 (p. 38)

2 CLOTET, Joaquim. O consentimento informado nos comitês de ética em pesquisa e na prática médica: conceituação, origens e atualidade. Revista de Bioética. Brasília, Conselho Federal de Medicina, 1995 (pp. 51-59).

Pacto Internacional de Direitos Civis e Políticos (1966), a Declaração de Lisboa sobre os Direitos do Doente (1981), a qual estabeleceu que: "*O Doente tem o direito de aceitar ou recusar tratamento após ter recebido informação adequada*", além da Declaração para a Promoção dos Direitos dos Pacientes (1994), promulgada no âmbito da Organização Mundial de Saúde e, mais recentemente, a Convenção de Direitos Humanos e Biomedicina (1997).

Portanto, o que veio se estabelecendo ao longo destes precedentes e posteriormente acolhido pela legislação e pela jurisprudência, é que o acesso à informação adequada é um dever ético e legal do médico e um direito do paciente.

Quanto ao Brasil, Lívia Haygert Pithan observa que "*(...) pode-se afirmar que a jurisprudência brasileira sobre consentimento informado é recente e, se considerada em comparação a outros países, notadamente nos EUA, pode-se considerá-la incipiente*"[3].

De fato, no Brasil, a primeira vez em que o termo "*consentimento informado*" foi utilizado em um processo judicial como critério para apurar a responsabilidade de um profissional de saúde e de um hospital data de 2002, em acórdão do Superior Tribunal de Justiça.

Na ocasião, se reconheceu a responsabilidade do médico e do hospital pelos danos experimentados por uma paciente submetida a procedimento cirúrgico oftalmológico, sem que tenha sido prévia e devidamente informada do risco de cegueira, o que fatalmente veio a ocorrer, conforme ementa a seguir transcrita:

3 PITHAN, Livia Haygert. O consentimento informado no Poder Judiciário Brasileiro. Revista da AMRIGS, Porto Alegre, 56 (1): 87-92, jan.-mar. 2012

"RESPONSABILIDADE CIVIL. Hospital. Santa Casa. Consentimento informado. A Santa Casa, apesar de ser instituição sem fins lucrativos, responde solidariamente pelo erro do seu médico, que deixa de cumprir com a ***obrigação de obter consentimento informado a respeito de cirurgia de risco****, da qual resultou a perda da visão da paciente. Recurso não conhecido". (STJ - REsp: 467878 RJ 2002/0127403-7, Relator: Ministro RUY ROSADO DE AGUIAR, Data de Julgamento: 05/12/2002, T4 - QUARTA TURMA, Data de Publicação: --> DJ 10/02/2003 p. 222 RSTJ vol. 174 p. 413)*[4] *- destacamos.*

Na ocasião, o Relator, Ministro Ruy Rosado destacou que "(...) *a despreocupação do facultativo em obter do paciente seu consentimento informado pode significar – nos casos mais graves – negligência no exercício profissional. As exigências do princípio do consentimento informado devem ser atendidas com maior zelo na medida em que aumenta o risco, ou o dano, ou diminui a possibilidade de êxito. Nas circunstâncias dos autos, o dever de informação antes e depois da cirurgia não foi cumprido*".

Desde então, se vem reconhecendo também na jurisprudência e na doutrina pátria a premissa de que é dever ético e legal do médico prestar informação ao paciente sobre os riscos e consequências do procedimento, bem como a conveniência da intervenção, resultados, expectativas e possibilidades de êxito ou de agravamento, ao passo que a inobservância deste dever é considerada causa de respon-

4 BRASIL. Superior Tribunal de Justiça. Recurso Especial nº 467.878-RJ. Relator Ministro Ruy Rosado de Aguiar. Brasília, 5 dez. 2002

sabilização do profissional no âmbito da relação médico paciente.

O dever de informação, como vimos, resulta não apenas do comando legal da legislação consumerista - sem o qual já se estaria diante de falha na prestação do serviço -, mas, também, da legislação civil, lastreada no princípio da boa fé bem como do fundamento constitucional da dignidade da pessoa humana e exercício da plena autonomia do paciente, conforme discorremos nas primeiras linhas deste trabalho.

Neste sentido, Joaquim Clotet reflete que *"(...) a prática ou a obtenção do consentimento informado no exercício da Medicina e a pesquisa em seres humanos são próprias das últimas décadas e caracterizam o aperfeiçoamento da ética biomédica"*[5].

Estabelecido, portanto, o dever de informar como um imperativo ético e legal, Ragazzo pondera que *"(...) a prestação do serviço médico poderia, em tese, ser considerada defeituosa, gerando possível direito a ressarcimento de danos (caso estejam presentes os demais requisitos para tanto, quais sejam, prejuízo e o respectivo nexo de causalidade), se a obrigação de informar estiver incompleta, inexistente ou inadequada"*[6].

De fato, a inobservância do dever de informação adequada por parte do profissional médico eventualmente pode ser considerada conduta culposa (negligência), de tal sorte que presentes os demais pressupostos da responsabi-

---

5 CLOTET, Joaquim. O consentimento informado nos comitês de ética em pesquisa e na prática médica: conceituação, origens e atualidade. Revista de Bioética. Brasília, Conselho Federal de Medicina, 1995.

6 RAGAZZO, Carlos Emmanuel Joppert. O dever de informar dos médicos e o consentimento informado. 1ª Edição. Curitiba: Juruá (2006). (p. 70).

lidade civil (dano e nexo de causalidade), eis que haverá o dever de reparação.

Miguel Kfouri Neto ressalta que o dever de informar poderá ter ou não consequências na ocorrência de um dano, e ensina que *"(...) na eventualidade de o dano ter sido causado por culpa do médico, normalmente torna-se irrelevante discutir a qualidade da informação – que é um dever secundário de conduta. Entretanto, quando a intervenção médica é correta – e não se informou adequadamente –, a questão se torna crucial. Poderá haver responsabilização pela falta ou deficiência no cumprimento do dever de informar, ainda que não se possa provar claramente ter havido culpa no descumprimento da obrigação principal"*[7].

Esta observação do autor é pertinente, na medida em que surge aqui uma questão interessante no seguinte sentido: a falha no dever de informação, por si só, ensejaria responsabilidade civil independentemente de falha médica na performance do tratamento? Se sim, em que extensão?

Em outras palavras, imagine-se situação em que tenha havido falha no dever de informação, porém o médico atuou com maestria e eventual lesão experimentada pelo paciente não decorreu da conduta do médico em si. Em tal situação, a ausência da informação adequada e do consentimento plenamente consciente ensejaria, por si só, responsabilidade do médico?

A tendência atual da doutrina e da jurisprudência é entender que sim. Há responsabilidade civil autônoma diante da falha no dever de informação e obtenção do consentimen-

7 KFOURI NETO, Miguel. *Responsabilidade civil do médico.* 8ª ed. rev., atual. e amp. São Paulo: Revista dos Tribunais, 2013

to informado, independentemente de o ato médico em si ser realizado de forma tecnicamente correta.

Neste caso, a responsabilidade não decorre de eventual falha do ato médico em si, mas, sim, da falha no dever acessório de informação, o que implica em violação ao direito individual de escolha autônoma e consciente do paciente acerca da ponderação da conveniência de se submeter, ou não a determinada intervenção médica.

Neste sentido, Cláudia Lima Marques preleciona que "*(...) a boa-fé é uma fonte autônoma de deveres de informação, de cooperação e de cuidado para com o outro, com o parceiro contratual, e que a violação destes deveres secundários ou anexos é um dano, um incumprimento por si só (quebra positiva de contrato)*"[8].

Neste sentido, a jurisprudência:

> *"APELAÇÃO CÍVEL. RESPONSABILIDADE CIVIL. DANO MORAL. VASECTOMIA. AUSÊNCIA DE CULPA. TERMO DE CONSENTIMENTO INFORMADO. RISCOS DE RECANALIZAÇÃO ESPONTÂNEA. NECESSIDADE DE EXAMES. AUSÊNCIA DE PROVA. DEVER DO MÉDICO. DANO MORAL CARACTERIZADO. VALOR RAZOÁVEL. 1.* ***Ainda que reconhecida a ausência de culpa do médico no ato da cirurgia de vasectomia, responde pelo dano moral em decorrência da falta de informações claras e precisas sobre os riscos de recanalização espontânea e dos exames de acompanhamento****. 2. O dano moral fixado em atenção ao princípio da razoabili-*

8 MARQUES, Claudia Lima. A responsabilidade civil dos médicos e do hospital por falha no dever de informar ao consumidor. Revista dos Tribunais, São Paulo: Revista dos Tribunais, 827/11, 2004 (P. 30).

> *dade não comporta redução. APELAÇÃO NÃO PROVIDA". (TJ-PR - AC: 7489096 PR 0748909-6, Relator: Nilson Mizuta, Data de Julgamento: 16/06/2011, 10ª Câmara Cível, Data de Publicação: DJ: 664)*

Na ocasião, assentou o Relator, Desembargador Nilson Mizuta que "*(...) apesar de a intervenção ter ocorrido de modo satisfatório e não apresentar um quadro de erro médico, faltou o médico com o dever de consentimento informado*".

Veja-se, portanto, que o procedimento em si foi realizado de acordo com a boa técnica e o resultado adverso (recanalização) era hipótese previsível, embora de baixa incidência.

Em condições normais, portanto, não haveria que se falar em responsabilidade civil do médico por imprudência, negligência ou imperícia, pois aplicável excludente lastreada no caso fortuito ou força maior.

Houve, no entanto, responsabilização civil não pelo ato médico em si mas, sim, em razão da falha no dever de informação e consentimento informado do paciente, posto que não esclarecido adequadamente dos riscos aos quais estaria sujeito caso se submetesse ao procedimento.

O dever de indenizar, portanto, surge da violação ao direito subjetivo do paciente em se autodeterminar de forma consciente com base em informações claras, precisas e adequadas, e não da lesão decorrente do procedimento propriamente.

Quanto à extensão da responsabilidade decorrente da falha no dever de informação, a questão que surge é se a eventual indenização deve ser equivalente àquela devida no caso de falha culposa do médico na performance do ato médico em si.

Miguel Kfouri, citando Galán Cortés, sustenta que *"(...) ao abordar a questão dos critérios para a quantificação da indenização, presente a alegação de dano resultante da falta ou deficiência de informação devida pelo médico, sugere solução assemelhada àquela adotada para a 'perda de uma chance'. A soma indenizatória não seria fixada pela totalidade do dano, isoladamente considerado, como no caso de a lesão ter sido provocada por falha técnica ou deficiente atuação médica-cirúrgica, mas sim diante da probabilidade de o paciente, caso tivesse sido convenientemente informado, não se submeter ao tratamento. O parâmetro seria, hipoteticamente, a decisão previsível e razoável de outro paciente, diante da mesma situação e bem informado"*[9].

Em linha semelhante, Veloso argumenta que *"(...) a não advertência sobre os riscos de uma determinada conduta médica só poderia ser entendida como de relevante importância se ficar provado que a omissão de informações poderia ter evitado um dano. Dessa forma, o paciente seria ressarcido não pelos danos em si, mas por danos extrapatrimoniais, pela ofensa à sua autonomia quando omitidas as devidas informações. Assim é preciso ficar bem clara a relação de nexo de causalidade entre a falta de informação e o dano*[10].

Segundo estes autores, na medida em que não tenha havido falha no ato médico em si, a falha no dever de informação eventualmente enseja sim indenização, porém jamais equivalente à indenização devida caso o ato médico tivesse causado dano em decorrência de conduta culposa do médico.

9 KFOURI NETO, Miguel. *Responsabilidade civil do médico.* 8ª ed. rev., atual. e amp. São Paulo: Revista dos Tribunais, 2013 (p. 48).

10 FRANÇA, Genival Veloso. *Comentários ao Código de Ética Médica.* 6ª ed. Rio de Janeiro: Guanabara Koogan, 2010. pp. 120- 129.

Neste sentido, argumenta-se que não se pode equiparar, no espectro da responsabilidade civil, o dano decorrente de negligência médica no decorrer da intervenção, com aquele resultante da falha no dever de informação.

Por outro lado, cabe ressaltar que há posicionamento no sentido de que, ao realizar ato médico sem fornecer prévia e adequada informação ao paciente, o médico assume unilateralmente os riscos inerentes ao procedimento, arcando com eventuais prejuízos em toda a sua extensão.

A fim de ilustrar o posicionamento mencionado, destaca-se o seguinte julgado:

> *"Apelação cível - Indenização por dano material e moral - Erro médico - Exame de colonoscopia que resultou em perfuração do intestino - Necessidade de reparações cirúrgicas posteriores - Sentença de parcial procedência para condenar a ré ao pagamento de indenização por dano material, moral e estético - Recurso de ambas as partes -* ***Ausente erro grosseiro ou má prática da medicina - Ausência do dever de informar o risco do exame. Transtornos posteriores que devem ser indenizados*** *- Manutenção do quantum fixado (R$ 10.000,00 para dano moral e R$ 5.000,00 para dano estético) - Juros de mora da indenização moral - Ato ilícito - Art. 398 do CC - Juros que devem incidir do ilícito e não do arbitramento em sentença - Responsabilidade extracontratual - Súmula 54 do STJ - Honorários advocatícios - Majoração do percentual de 10% para 20% do valor da condenação - Recurso da ré desprovido e do autor parcialmente provido para fixar como termo inicial dos juros moratórios o evento danoso e majorar os honorários advocatícios de 10% para 20% do valor da condenação (Voto 9174)" (TJ-SP - APL: 00019706120078260108 SP*

0001970-61.2007.8.26.0108, Relator: Silvério da Silva, Data de Julgamento: 15/06/2016, 8ª Câmara de Direito Privado, Data de Publicação: 27/06/2016) - destacamos.

Na ocasião, o Relator, Desembargador Silvério da Silva, anotou em seu voto que "*(...) conforme conclusão do laudo pericial, que se coaduna às alegações da ré, as complicações referentes à perfurações, no exame de colonoscopia, eram previsíveis, em que pese seu percentual de ocorrência ser mínimo. (...) No entanto, a condenação pelos danos materiais, morais e estéticos decorreu da falta de dever de informação, como bem apreciou a sentença:* 'Se o procedimento poderia causar-lhe uma possível perfuração no intestino, implicando em toda a saga pelo qual o demandante passou depois, deveria ter o profissional de saúde exposto isto ao paciente'.

Note-se que, no caso supra, não houve apenas uma reparação de ordem moral pela violação ao direito subjetivo de autodeterminação do paciente decorrente da falha de informação mas, também, indenização por danos materiais e estéticos, não obstante não tenha ficado caracterizada conduta culposa do médico na realização do ato médico em si. Neste caso, adotou-se posição no sentido de garantir verdadeira reparação integral.

A questão da caracterização do dano e da sua quantificação, em especial em casos em que não tenha havido falha na performance do ato médico em si e, tão somente no dever de informação é tema que ainda renderá muitas discussões e mostra-se divergente na jurisprudência.

Miguel Kfouri sustenta ser "*fundamental que o juiz avalie a distinção entre as duas hipóteses – falta de informação e nexo etiológico com o dano sofrido pelo paciente -, a fim de que resulte bem definida, no julgado, qual a fonte originária da reparação*[11]" e, consequentemente, sua extensão.

Inobstante as divergências doutrinárias e jurisprudenciais, o fato concreto é que o dever de informação e a obtenção de consentimento livre e esclarecido do paciente é parte intrínseca que antecede e permeia o ato médico em si, sendo que a sua não observância pelo profissional de saúde acarreta inegáveis consequências no âmbito da responsabilidade civil, motivo pelo qual se deve dar, cada vez mais, atenção a este dever anexo da relação médico-paciente.

5.1. hipóteses de dispensa do dever de informação e obtenção do consentimento

Como já visto, o dever de informar e da consequente obtenção do consentimento do paciente como condição de legitimidade para a intervenção médica encontram respaldo na Constituição Federal, na legislação civil, consumerista e, também, nas normativas deontológicas que orientam a atividade médica.

Assim, a inobservância deste dever, em regra, torna a intervenção médica arbitrária, ilícita e, eventualmente, enseja a responsabilização do médico.

Por outro lado, hipóteses há em que o dever de informação e obtenção do consentimento são relativizados e a responsabilidade do profissional pode ser afastada.

Maria Helena Diniz, ao abordar a questão das hipóteses em que se dispensa o dever de informação e de obtenção de

11 KFOURI NETO, Miguel. *Responsabilidade civil do médico.* 8ª ed. rev., atual. e amp. São Paulo: Revista dos Tribunais, 2013 (p. 49).

consentimento menciona: "*a) necessidade inadiável de prática médica de urgência, em razão de iminente perigo de vida; (...) b) impossibilidade, ante a emergência, séria e iminente, da situação e o perigo da demora, de obter o consenso do paciente ou de seus familiares; (...) c) situação especial que leva o médico a dar informação sobre o estado clínico de seu paciente a seu representante legal, parente próximo, cônjuge, companheiro ou até mesmo juiz competente para obter o consenso para o exercício do ato médico; (...) d) privilégio terapêutico; (...) e) renúncia ao direito de ser informado*"[12].

Tratam-se de situações que implicam em verdadeiras excludentes de ilicitude em favor do médico e nos debruçaremos sobre elas.

5.1.1. Situação de urgência ou emergência

Na prática médica, situações haverá em que o risco de vida ou de lesão permanente e grave ao paciente é tão iminente, que simplesmente não haverá tempo útil para que se informe ou se obtenha o consentimento do paciente.

O Código Penal, em seu artigo 146, §3º, inciso I, ao tratar do crime de constrangimento ilegal, exclui expressamente

> *"Art. 146 - Constranger alguém, mediante violência ou grave ameaça, ou depois de lhe haver reduzido, por qualquer outro meio, a capacidade de resistência, a não fazer o que a lei permite, ou a fazer o que ela não manda. Pena - detenção, de três meses a um ano, ou multa.*
> *(...)*

12 DINIZ, Maria Helena. O Estado Atual do Biodireito", Ed. Saraiva, 2ª ed., 2002, pp. 539-541

> *§ 3º - Não se compreendem na disposição deste artigo:*
> *I - a intervenção médica ou cirúrgica, sem o consentimento do paciente ou de seu representante legal, se justificada por iminente perigo de vida";*

Ao comentar tal dispositivo, Damásio de Jesus observa que, em tais situações, tem-se "(...) *hipótese de estado de necessidade de terceiro, capitulado pelo Código Penal como excludente de tipicidade*"[13].

Conforme argumenta Ragazzo "*(...) a justificativa para essa exceção é simples. Entende a doutrina que, nos casos de iminente risco de lesão ou de morte, a lei autoriza verdadeiro consentimento presumido. Supõe-se que qualquer pessoa razoável que estivesse em situação análoga teria consentido em prosseguir com a intervenção médica*"[14].

5.1.2. *Situação de grave perigo para a saúde pública*

Em certas situações a liberdade individual poderá ser mitigada em razão da primazia do interesse coletivo, inclusive mediante imposição do Estado. Como exemplo, pode-se mencionar as campanhas de vacinação obrigatória e o tratamento compulsório de doenças infectocontagiosas, hipótese em que a intervenção médica poderá prescindir do consentimento do paciente.

O Estatuto da Criança e do Adolescente, por exemplo, estabelece em seu artigo 14, §1º, que "É obrigatória a vacinação

---

13 JESUS, Damásio de. Código penal Anotado. 5ª Ed. São Paulo: Saraiva: 1995 (p. 440).

14 RAGAZZO, Carlos Emmanuel Joppert. O dever de informar dos médicos e o consentimento informado. 1ª Edição. Curitiba: Juruá, 2006 (p 109).

das crianças nos casos recomendados pelas autoridades sanitárias".

A Lei nº 6.259/75, que trata das medidas de identificação e controle de doenças infectocontagiosas estabelece:

> *"Art. 12. Em decorrência dos resultados, parciais ou finais, das investigações, dos inquéritos ou levantamentos epidemiológicos de que tratam o artigo 11 e seu parágrafo único,* ***a autoridade sanitária fica obrigada a adotar, prontamente, as medidas indicadas para o controle da doença, no que concerne a indivíduos, grupos populacionais e ambiente****". - destacamos.*
>
> *"Art. 13.* ***As pessoas físicas*** *e as entidades públicas ou privadas, abrangidas pelas medidas referidas no artigo 12,* ***ficam sujeitas ao controle determinado pela autoridade sanitária****" - destacamos.*

Ragazzo anota que *"(...) o grave perigo para a saúde pública não consubstancia propriamente uma exceção ao consentimento informado. Isso porque em quase todas as situações compulsórias se procura inicialmente obter o consentimento do doente, preservando-se sempre o seu direito de receber informações. Somente quando o consentimento não é, ou não pode ser obtido, o tratamento se dá forçosamente"*[15].

15 RAGAZZO, Carlos Emmanuel Joppert. O dever de informar dos médicos e o consentimento informado. 1ª Edição. Curitiba: Juruá, 2006 (p 106).

5.1.3. Privilégio terapêutico

O privilégio terapêutico consiste em situação em que o médico se abstém de fornecer informações que normalmente forneceria a um paciente porém, dadas as particularidades do caso concreto, há o risco de que estas informações gerem dano ao paciente.

Segundo Luciana Roberto "*(...) a aplicação da exceção do privilégio terapêutico tem como base a crença de que revelar algumas informações sobre o estado de saúde do paciente pode ser deveras arriscado para sua saúde física ou psíquica. Por exemplo: a revelação de que o paciente cardíaco sofre de moléstia gravíssima pode levar a um ataque súbito do coração ou causar tamanho abalo emocional que o leve ao suicídio*"[16].

A propósito do privilégio terapêutico, João Vaz Rodrigues preleciona que "*(...) consiste na faculdade de actuação médica, perante situações de mal iminente ou consequente, sem que previamente se prestem as informações devidas ao esclarecimento do paciente e, consequentemente, sem a obtenção do seu consentimento. (...) o privilégio terapêutico funciona como regime excepcional à protecção da liberdade e da autonomia. (...) transcende a protecção da liberdade e da autonomia porque justifica a preferência pela proteção da saúde e da vida quando estes valores concorram ou colidam com aqueles*"[17].

Vale observar que o próprio Código de Ética Médica assegura ao médico a prerrogativa do privilégio terapêutico,

---

16 ROBERTO, Luciana Mendes Pereira. Responsabilidade civil do profissional de saúde e consentimento informado. 2ª ed. Ed. Juruá. Curitiba:2012 (p. 135).

17 RODRIGUES, João Vaz. O consentimento informado para o acto médico no ordenamento jurídico português: elementos para o estudo da manifestação da vontade do paciente. Coimbra: 2001 (pp. 279-282).

tal como consignado pelo artigo 54, o qual estabelece que é vedado ao médico "*deixar de informar ao paciente o diagnóstico, o prognóstico, os riscos e os objetivos do tratamento, salvo quando a comunicação direta possa lhe provocar dano, devendo, nesse caso, fazer a comunicação a seu representante legal*".

Veja-se, no entanto, que o privilégio terapêutico não é absoluto, sendo que caso não seja recomendável ou possível a comunicação do diagnóstico ou prognóstico diretamente ao paciente pelo risco de lhe causar danos, ainda assim o médico deverá comunicar ao representante legal.

5.1.4. Renúncia do paciente de ser informado

Com o avanço da tecnologia e da ciência médica, há atualmente simples exames de sangue capazes de revelar a tendência ou probabilidade de o paciente vir a desenvolver certos tipos de câncer ou doenças degenerativas como o Mal de Alzheimer.

Em outras circunstâncias, o paciente simplesmente não deseja maiores informações acerca do tratamento a que irá se submeter, tais como efeitos colaterais, chances de êxito ou riscos envolvidos.

Em tais situações a questão que surge é: o paciente tem o direito de renunciar ao direito de informação?

É razoável afirmar que, dentro de um contexto de autodeterminação, o paciente tanto tem o direito de ser devidamente informado como o de renunciar a este direito, abrindo mão de receber as informações que, normalmente, seriam fornecidas a pacientes em idêntica situação.

Conforme observa Fabian "*(...) a autonomia do paciente é um direito para fortalecer a posição do paciente contra o médico e finalmente estabelecer um equilíbrio contratual entre paciente e médico. Por isso, admitimos a renúncia de forma restrita no direito médico. Uma renúncia geral ou "em branco" ao dever de informar compreendemos também como nula. Antes da renúncia o paciente deve saber, em geral, qual é a sua doença e o tratamento possível e quais são os riscos do tratamento. Temos a opinião que a iniciativa da renúncia não deve ser do médico e essa deve ser declarada clara e expressamente".*

Vale dizer que, embora se reconheça a prerrogativa do paciente de renunciar ao direito de ser informado, algumas informações serão sempre imprescindíveis e o médico, a fim de não ser eventualmente responsabilizado, deve se certificar e registrar que esclareceu o paciente acerca de seu direito de ser informado, de que os médicos não podem simplesmente impor tratamentos sem o consentimento prévio do paciente, e que o paciente tem o direito de recusar tratamentos se assim entender conveniente.

Tomando tais cautelas, e caso mesmo assim o paciente renuncie ao direito de informação, o profissional de saúde estará resguardado.

Outrossim, conforme bem observa Ragazzo "*a renúncia ao direito de informação também possui a sua baliza delimitadora em hipóteses especificas. É o que ocorre quando o diagnóstico aponta doenças infectocontagiosas, situação em que o médico deverá revelar esta condição ao paciente a fim de evitar o risco de contágio de terceitos. Mais uma vez, há o conflito entre o direito de autodeterminação do paciente e o dever de preservação da saúde de terceiros, de responsabilidade do médico, com prevalência deste último nos casos de doenças contagiosas e transmissíveis*"[18].

18 RAGAZZO, Carlos Emmanuel Joppert. O dever de informar dos médicos e o consentimento informado. 1ª Edição. Curitiba: Juruá, 2006 (p 117).

5.2. Ônus da prova do adimplemento do dever de informação

Conforme apontamos no decorrer deste estudo, a responsabilidade do profissional de saúde deve ser analisada sempre pelo prisma da teoria da responsabilidade subjetiva, ou seja, mediante apuração de conduta culposa (*lato sensu*) de sua parte.

Como regra, se impõe o ônus de prova a quem alega. No entanto, o Código de Defesa do Consumidor (que como vimos tem sua aplicabilidade amplamente reconhecida pela doutrina e pela jurisprudência à relação médico paciente), estabeleceu a possibilidade de inversão do ônus da prova como direito básico do consumidor, tal como previsto no artigo 6º, VIII, CDC.

Neste contexto, atribui-se ao médico o ônus de provar que tenha fornecido ao paciente todas as informações necessárias para obter seu consentimento de forma válida, tal como apontamos no Capítulo 3 deste estudo.

Conforme observa Ragazzo, "(...) *atribuir o ônus probatório ao médico em demandas sustentadas no dever de informar tem sido uma tendência mundial. Além do argumento de impossibilidade de o paciente fazer prova de fato negativo, há um consenso de que o médico seria a parte capaz de produzir a prova da informação (e, consequentemente, da validade do consentimento respectivo) de modo mais fácil, respeitando-se, desse modo, o princípio da igualdade processual*"[19].

Nesta linha de raciocínio, André Gonçalo Dias Pereira, pondera que "*(...) fazer recair o ônus da prova sobre o paciente era impor-lhe uma* 'prova diabólica', *já que se trataria de*

19 RAGAZZO, Carlos Emmanuel Joppert. O dever de informar dos médicos e o consentimento informado. 1ª Edição. Curitiba: Juruá, 2006 (p 123).

'provar um facto negativo' *(...) para o médico, pelo contrário, trata-se de provar um facto positivo, de que pode deixar registro na história clínica do paciente. (...) mais do que a banalização do formulário, deve-se investir no cumprimento de outro dever legal: o de* 'registro das informações clínicas e o bom preenchimento do dossier clínico'. *Este é o melhor meio de prova para os médicos"*[20].

Outrossim, conforme destaca Nehemias Domingos de Melo *"(...) inverter o ônus da prova não significa presumir culpa, nem condenar aprioristicamente o profissional. inverter significa que se está transferindo o ônus de realização da prova para aquele que tem melhores condições de produzi-la. Invertido o ônus da prova, nasce presunção relativa em desfavor do fornecedor, a quem tocará provar que forneceu o serviço corretamente ao consumidor"*[21].

Ademais, como se não bastasse a previsão do Código de Defesa do Consumidor relativa à possibilidade de inversão do ônus da prova, tem-se que o Código de Processo Civil adotou a carga probatória dinâmica, sendo certo que em seu artigo 373, §1º estabelece que *"(...) nos casos previstos em lei ou diante de peculiaridades da causa relacionadas à impossibilidade ou à excessiva dificuldade de cumprir o encargo nos termos do caput ou à maior facilidade de obtenção da prova do fato contrário, poderá o juiz atribuir o ônus da prova de modo diverso, desde que o faça por decisão fundamentada, caso em*

20 PEREIRA. André Gonçalo Dias. O Consentimento Informado na Relação Médico Paciente – Estudo de Direito Civil, Coimbra Editora, Coimbra (pp. 191-199).

21 MELO, Nehemias Domingos de. Responsabilidade civil por erro médico: doutrina e jurisprudência. 3ª Ed. São Paulo: Atlas, 2014 (p. 241)

que deverá dar à parte a oportunidade de se desincumbir do ônus que lhe foi atribuído".

Neste contexto, evidentemente o médico tem melhores condições de comprovar a correta obtenção do consentimento informado do paciente, sendo justificável a imposição de tal ônus sobre o profissional.

Diante disso, tal como fora abordado no Capítulo 3, é recomendável (embora não obrigatório), que o médico documento a obtenção do consentimento esclarecido por escrito, a fim de, em caso de necessidade, poder comprovar adequadamente que observou o dever de informação desincumbindo-se de eventual responsabilidade pela alegada falha no dever de informar.

CONCLUSÃO

Ao longo do presente estudo, procuramos demonstrar que houve, no decorrer das últimas décadas – e mais acentuadamente no período pós Segunda Guerra -, uma radical evolução no tocante ao desenvolvimento e reconhecimento dos direitos humanos que ensejou, também na relação médico-paciente, uma total mudança de paradigma, substituindo-se o modelo paternalista característico da ética hipocrática, para um modelo de maior equilíbrio da relação do profissional do médico com o doente, com a necessária humanização do paciente e respeito à sua autonomia e dignidade enquanto sujeito de direito.

Na medida em que o paciente seja colocado no centro da assistência médica, todos os demais princípios que orientam a atividade médica (beneficência, não maleficência, equidade), passam a girar em torno do indivíduo.

Trata-se de um processo de humanização tendo o indivíduo como centro, sendo que a atividade médica passa a ser pautada pelo respeito à dignidade da pessoa humana, princípio universal das nações civilizadas.

Diante desta mudança de paradigma, em que a relação médico-paciente passa a ser lastreada no princípio da autonomia, o paciente assume posição de protagonismo nas decisões acerca de sua saúde e sua vida, inclusive no tocante à aceitação dos riscos inerentes às suas escolhas de submeter-se, ou não, a determinadas intervenções médicas.

Por outro lado, enquanto sujeito de direitos, a plena autonomia do paciente somente pode ser efetivada por meio do adequado consentimento, o qual, por sua vez, tem como pressuposto a informação clara e adequada.

Surge assim, um dever acessório e intrínseco à atividade médica, consistente no dever de informação adequada, clara e suficiente por parte do médico ao paciente, que encontra respaldo na Constituição Federal em virtude do princípio da dignidade da pessoa humana, no Código Civil, em razão do princípio da boa-fé objetiva e, também, do Código de Defesa do Consumidor e das próprias normas deontológicas que orientam a conduta médica.

Por outro lado, tem-se a obtenção do consentimento por parte do paciente como corolário desse processo de informação. Em verdade, é mediante o fornecimento de informações adequadas e suficientes que o paciente poderá tomar decisão consciente e responsável acerca de sua autodeterminação no sentido de submeter-se ou não a determinadas intervenções médicas.

Importante notar que o registro do consentimento é relevante como forma de legitimar a intervenção médica, ressalvando-se que se deve sempre evitar o consentimento informado meramente formal, caracterizado por formulários e fichas padrão, priorizando-se o consentimento informado material, embasado no processo de diálogo entre médico e paciente e preocupado com a qualidade das informações prestadas ao doente, sob pena de prejudicar sua própria validade.

Outrossim, na medida em que o dever de informação é hoje tido como obrigação de natureza ética e legal por parte do médico, sua inobservância pode ensejar responsabilização do profissional pelos prejuízos que o paciente venha a experimentar.

Conforme exposto ao longo do presente estudo, a falta de informação adequada e obtenção do consentimento do paciente pelo médico pode ser considerada como conduta negligente e mesmo falha na prestação do serviço médico, de tal sorte que, verificado dano consistente na violação do direito subjetivo do paciente em ser informado, o médico assume a responsabilidade pela reparação de tais prejuízos.

Há situações excepcionais em que a obtenção do consentimento poderá ser dispensada ou diferida, porém algumas informações serão sempre imprescindíveis e o médico, a fim de não ser eventualmente responsabilizado, deve se certificar e registrar que esclareceu o paciente acerca de seu direito de ser informado, de que os médicos não podem simplesmente impor tratamentos sem o consentimento prévio do paciente, e que o paciente tem o direito de recusar tratamentos se assim entender conveniente.

O fato concreto, portanto, é que o dever de informação e a obtenção de consentimento livre e esclarecido do paciente, salvo situações excepcionais, é parte intrínseca que antecede e permeia o ato médico em si, sendo que a sua não observância pelo profissional de saúde acarreta inegáveis consequências no âmbito da responsabilidade civil, motivo pelo qual se deve dar, cada vez mais, atenção a este dever anexo da relação médico-paciente

Ainda, é de se recomendar (embora não seja obrigatório), que o médico documente a obtenção do consentimento esclarecido por escrito, a fim de, em caso de necessidade, poder comprovar adequadamente que observou o dever de informação desincumbindo-se de eventual responsabilidade pela alegada falha no dever de informar, posto que o ônus de prova quanto a esta obrigação corriqueiramente recai sobre o profissional de saúde.

Diante de todo o exposto, tem-se que o objetivo do presente trabalho é demonstrar que a responsabilidade do profissional médico não se resume ou limita aos chamados "erros" de diagnóstico ou performance de procedimentos mas, também, abrange os deveres conexos à própria atividade médica, notadamente o dever de informação, que dado o atual modelo da relação médico-paciente lastreado na autonomia do paciente e nos princípios da dignidade da pessoa humana, ganha realce e importância no âmbito do exercício da medicina.

Nesse contexto, e sem pretender esgotar o assunto, tem-se que é imperativo que o médico conheça e dê especial atenção ao dever de informação e processo de obtenção do consentimento informado, que encontra respaldo ético e legal e, em última análise, cuja inobservância pode acarretar na responsabilização civil do profissional, que se verá obrigado a reparar os danos porventura experimentados pelo paciente.

REFERÊNCIAS BIBLIOGRÁFICAS

AMARAL, Francisco. Tratado teórico e prático dos contratos. São Paulo: Saraiva, 1999. v. 1

ASSIS NETO, Sebastião de Marcelo de Jesus, Maria Izabel de Melo, Manual do Direito Civil, 3ª edição, São Paulo, Juspovivm: 2014.

AZEVEDO, Álvaro Villaça e NICOLAU, Gustavo Rene. Código Civil Comentado, das Pessoas e dos Bens. Coordenador Àlvaro Villaça Azevedo, vol. I. São Paulo: Ed. Atlas.

BANDEIRA, Ana Cláudia Pirajá. Consentimento no transplante de órgãos. Curitiba: Juruá, 2001.

BARBOZA, Heloisa Helena. A autonomia da Vontade e a relação médico-paciente no Brasil. Lex Medicinae – Revista Portuguesa de Direito da Saúde 2:7, 2004.

BEUCHAMP TL, CHILDRESS JF. Principles of Biomedical Ethics. 4ed. New York: Oxford University Press, 199.

BORGES, Rosana Cardoso Brasileiro. Dos Direitos da Personalidade, in Teoria Geral do Direito Civil. Coordenação de Renan Lotufo e Giovanni Ettore Nanni. São Paulo: Ed. Atlas, 2008.

BRASIL. Superior Tribunal de Justiça. Recurso Especial nº 467.878-RJ. Relator Ministro Ruy Rosado de Aguiar. Brasília, 5 dez. 2002

CAVALIERI FILHO, Sérgio. Programa de responsabilidade civil. 9ª ed. rev. e ampl. São Paulo: Atlas, 2010.

COUTO FILHO, Antonio Ferreira; SOUZA, Alex Pereira. Responsabilidade civil médica e hospitalar: repertório jurisprudencial por especialidade médica, teoria da eleição procedimental. Belo Horizonte: Del Rey, 2001.

CLOTET, Joaquim. O consentimento informado nos comitês de ética em pesquisa e na prática médica: conceituação, origens e atualidade. Revista de Bioética. Brasília, Conselho Federal de Medicina, 1995.

DANTAS, Eduardo; COLTRI, Marcos. *Comentários ao Código de Ética Médica*. 2ed. Rio de Janeiro: GZ ed., 2010.

DIAS, José de Aguiar. Da responsabilidade civil. 6ª Edição. Rio de Janeiro: Forense, 1979, 2v

DINIZ, Maria Helena. O Estado Atual do Biodireito", Ed. Saraiva, 2ª ed., 2002.

FABIAN, Christoph. O dever de informar no direito civil. São Paulo: Revista dos Tribunais, 2002.

FERNANDES, Carolina Fernández; PITHAN, Lívia Haygert. O consentimento informado na assistência médica e o contrato de adesão: uma perspectiva jurídica e bioética. In: Revista Hospital das Clínicas de Porto Alegre. Vol. 27. N.2. 2007.

FOUCAULT, M. O nascimento da Medicina Social. Microfísica do poder. Tradução Roberto Machado. Rio de Janeiro: Graal, 1979.

FRANÇA, Genival Veloso. *Comentários ao Código de Ética Médica*. 6 ed. Rio de Janeiro: Guanabara Koogan, 2010.

FRANÇA, Genival Veloso. Direito Médico. 13ª Edição revista, atualizada e ampliada. Rio de Janeiro: Ed. Forense, 2016.

GAUDERER, E. Christian. Os direitos do paciente. Rio de Janeiro: Ed. Record, 1993.

GIOSTRI, Hildegard Taggesell. Responsabilidade médica: as obrigações de meio e de resultado: avaliação, uso e adequação. Curitiba: Juruá, 2004.

GOMES, Orlando. Introdução ao direito civil. Revista, atualizada e aumentada, de acordo com o Código Civil de 2002, por Edvaldo Brito e Reginalda Paranhos de Brito. Rio de Janeiro: Editora Forense, 2008.

GONÇALVES, Carlos Roberto. Comentários ao código civil: parte especial: do direito das obrigações. São Paulo: Saraiva, 2003. v. 11.

GONÇALVES, Carlos Roberto. Direito Civil Brasileiro: volume 4 : responsabilidade civil. 7ª ed. São Paulo: Saraiva, 2010.

ISMAEL, J.C. O médico e o paciente: breve história de uma relação delicada. 2ª Edição revista e ampliada. São Paulo: MG Editores.

JESUS, Damásio de. Código penal Anotado. 5ª Ed. São Paulo: Saraiva: 1995

KANT, Immanuel. Fundamentação da metafísica dos costumes, 2004.

KFOURI NETO, Miguel. Culpa médica e o ônus da prova. São Paulo: Ed. RT, 2002.

KFOURI NETO, Miguel. Responsabilidade civil do médico. 8ª ed. rev., atual. e amp. São Paulo: Revista dos Tribunais, 2013

MARQUES, Cláudia Lima. A responsabilidade dos médicos e do hospital por falha no dever de informar ao consumidor. In: MARQUES, Cláudia Lima; MIRAGEM, Bruno (orgs.). Direito do Consumidor: proteção da confiança e práticas comerciais. São Paulo: Revista dos Tribunais, Coleção doutrinas essenciais; v.3, 2011.

MELO, Nehemias Domingos de. Responsabilidade civil por erro médico: doutrina e jurisprudência. 3ª Ed. São Paulo: Atlas, 2014.

MILL. John Stuart. On Liberty (1859), Stefan Collini, Ed. Cambridge, Cambridge University Press, 1989, cap. 1.

MORAES, Alexandre de. Direito Constitucional. Ed. Atlas, São Paulo: Ed. Atlas, 2005, 17ª Edição.

NUNES, Rizzato. Curso de Direito do Consumidor. São Paulo: Saraiva, 2005.

PIERANGELI, José Henrique. O consentimento do ofendido na teoria do delito. 2ª ed. São Paulo: Revista dos Tribunais, 1995.

PEREIRA. André Gonçalo Dias. O Consentimento Informado na Relação Médico Paciente – Estudo de Direito Civil, Coimbra: Editora Coimbra, 2004.

PEREIRA, Caio Mario da Silva. Responsabilidade Civil. 9ª ed. Rio de Janeiro. Forense, 1999.

PITHAN, Livia Haygert. O consentimento informado no Poder Judiciário Brasileiro. Revista da AMRIGS, Porto Alegre, 56 (1): 87-92, jan.-mar. 2012.

RAGGAZZO, Carlos Emmanuel Joppert. O dever de informar dos médicos e o consentimento informado. 1ª Ed. 4ª tiragem. Curitiba: Juruá, 2009

REALE, Miguel. A boa-fé no código civil. 16.08.2003. Disponível em: <http://www.miguelreale.com.br/artigos/boafe.htm> (acessado em 13.02.2018)

ROBERTO, Luciana Mendes Pereira. Responsabilidade civil do profissional de saúde e consentimento informado. 2 ed. Curitiba: Ed. Juruá, 2012.

RODRIGUES, João Vaz. O consentimento informado para o acto médico no ordenamento jurídico português: elementos para o estudo da manifestação da vontade do paciente. Coimbra: 2001.

RODRIGUES, Silvio. Dos vícios do consentimento. 2ªEd. São Paulo: Ed. Saraiva, 1982.

SARMENTO, Daniel. Direitos Fundamentais e Relações Privadas. 2ª edição, 2ª tiragem, Rio de Janeiro: Editora Lumen Juris, 2008

SILVA, Paula Martinho da. Convenção dos Direitos do Homem e da Biomedicina Anotada. Lisboa: Cosmos, 1997.

STANCIOLI, Brunello Souza. Relação jurídica médico-paciente. Belo Horizonte: Ed. Del Rey, 2004.

STOCO, Rui. Tratado de responsabilidade Civil: doutrina e jurisprudência. 7ª ed. São Paulo: Revista dos Tribunais, 2007.

TAVARES DA SILVA, Regina Beatriz (Coord.) Responsabilidade civil na área da saúde. 2ª ed. São Paulo: Saraiva, 2009.

TEPEDINO, Gustavo. A responsabilidade médica na experiência contemporânea brasileira. Revista Trimestral de Direito Civil. Rio de Janeiro: Padma, 2002. v. 12

VENOSA, Silvio de Salvo. Direito Civil: Responsabilidade Civil. 5ª ed. São Paulo. Ed. Atlas. 2005 (coleção Direito Civil, v. 4).